“家庭教育三部曲”之第三部

人生应该看自己

家中月　著

中国商业出版社

图书在版编目 (CIP) 数据

人生应该看自己 / 家中月著 . —北京：中国商业出版社，2016.10

ISBN 978-7-5044-9587-7

Ⅰ . ①人… Ⅱ . ①家… Ⅲ . ①家庭教育 Ⅳ . ① G78

中国版本图书馆 CIP 数据核字 (2016) 第 231202 号

责任编辑：唐伟荣

中国商业出版社出版发行

010 — 63180647 www.c-cbook.com

(100053 北京广安门内报国寺 1 号)

新华书店总店北京发行所经销

北京军迪印务有限责任公司印刷

* * *

700×1000 毫米 16 开 11 印张 110 千字

2016 年 10 月第 1 版 2016 年 10 月第 1 次印刷

定价：37.00 元

* * *

(如有印装质量问题可更换)

Preface 序

收获生命的珍贵　收获子孙的智慧

人生应该看自己，用藏在心里的眼睛做到明心见性。父母是“眼睛店”的老板，传递经营中的经验。

长在脸上的眼睛用来看别人，长在心里的眼睛要更亮，因为是用来看自己的。

所谓擦亮心灵眼睛的秘方，就是要审视自己的思想，检验自己的行为，把自己看完善了，看不见的收获就出现了。

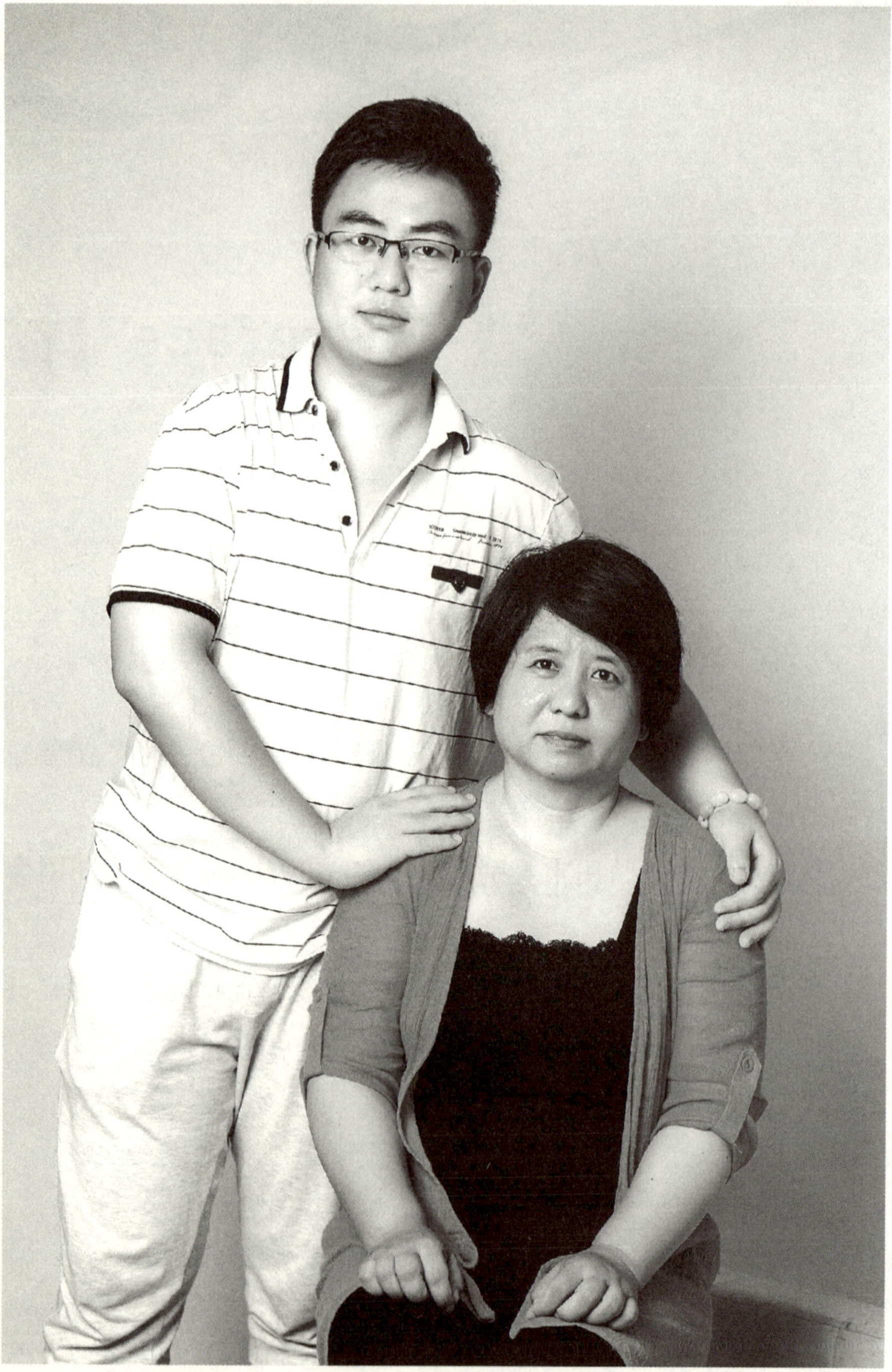

Preface 前言

我的“家庭教育三部曲”《生命之树的根》《扬起生命的帆》《人生应该看自己》，是根据在人类思想成长的过程中，有三个必要的阶段——自小的单纯可爱，青少年时期的复杂和迷茫，成熟后的豁然开朗——来写的。

孩子自小天真、纯洁、烂漫，眼睛是透明的，整个人都是透明的。见山就是山，见水就是水。在小天使的思想里涂什么颜色，就成什么画。

人的思想到了青少年时期，不管什么事，总喜欢辛苦琢磨一番，寻找出无限可能来。所以，往往见山不是山，见水不是水。但是思量又是悟道的必经之路，思量更像是一种工具，达到一定的效果之后，便不再有过多的思量。

人逐渐成熟之后，发现世界的一切事物，往往都是很简单的，其实就是本来面目。人之所以觉得复杂，只是自己的心在作怪，给事物平添了许多的杂念在里面。

懂得了这一层后，就会将身边的人和事还原本来面目，用一颗简单的初心去看待事物。也就见山仍是山，见水仍是水了。

本书为“家庭教育三部曲”的第三部，即《人生应该看自己》，主要是想将自己多年对家庭教育的感悟和经验与朋友们分享、交流，尤其是当孩子步入成熟期后，我们做家长的应如何做才有利于孩子的更好发展，希望此书能有抛砖引玉之效。

Contents 目录

第一课

认识自我

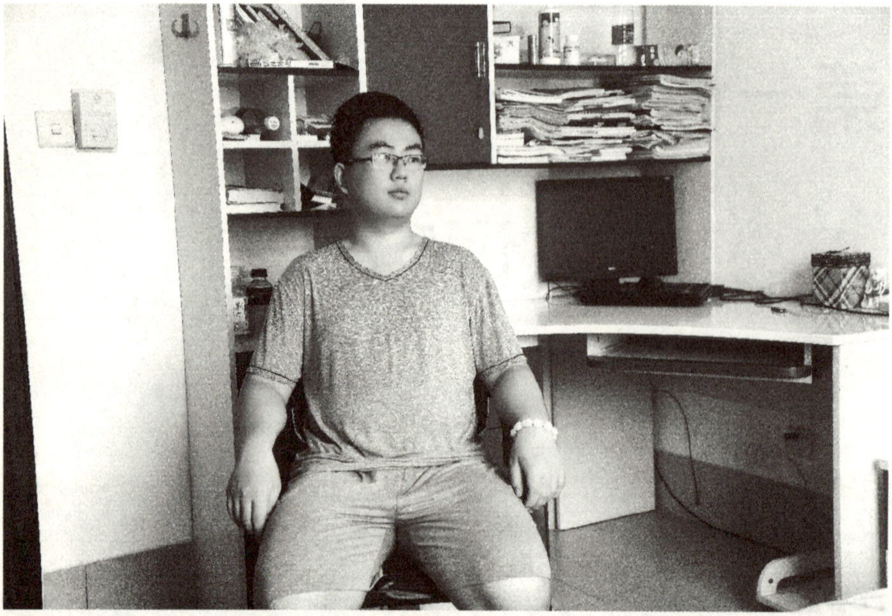

所谓认识自我，即找到自我，证悟自我的真实本性。一切都得靠自己，别人代替不了。但可以适当地用旁观者的眼光看一下自己。

实践中人们常说“知易行难”。把知道的知识落实到行动中时，人总是会有懒惰的性情，偶尔会萌发不劳而获的念头。可即使成功了，对自己来说又何尝不是莫大的损失。从另一面讲，你损失掉了在劳动过程的磨炼中体悟真谛的机会。享受并非是福，劳动才是最尊贵的修行。生命的存在不是指时间的长短，而是在于有价值、有意义的时段才叫生命。只要进行劳动创造，就会有成就，有成就才会有乐趣，这才是人活着最永恒的精神源泉。一个人他的钱再多，条件再好，如果什么都不做了，他的生命也就枯萎了，别人也就感觉不到他的存在价值了。这样的人是可悲的，有生命也似无生气。所以说享乐如慢性毒药，会慢慢地腐蚀人的灵魂，使人无法自拔，像个活着的死人。

知人者智，自知者明。比如生活中，很多人都觉得自己很孝顺，很爱自己的父母，可是，往往发生一些小事，都会暴跳如雷地跟父母吵架。这样的人，就属于没有深刻地认识自己，他们是真心想孝敬父母的，也爱戴自己的父母，但无法按捺潜意识里的烦躁心，再不擅长发现自己、纠正自己，虽然想得很好，但在实际行动中却暴露出了本质，恰恰适得其反。因此，孩子从小就要懂得自省，实时观察自己的行为，充分地认识自己、完善自己。只有做人扎根了，做事才会扎根。

大部分人似乎常忘记自己，非常注重别人对自己的评价，甚至活在别人的评价里。如果做了一件事别人没给评价，就像丢了东西一样。有了这样的思想后，很难获得快乐！不管做什么事，一路向前，不停止地求快，不是最好的方式。懂得适时回头看看，才是前进的最好方式。不要总想着成功，也不要总盯着结果，放下这些，把握住眼前，多审视自己，才是最有可能成事的方式。有首诗写得很好："手把青秧插满田，低头便见水中天。心地清净方为道，退步原来是向前。"

要想看清世界，首先得看清自己。记得小时候听父母常说："世上再好的人，只要围着他挑毛病，也会一挑一大堆。而总喜欢挑别人毛病的人，往往会把毛病都挑他自己身上去。而被挑毛病的人，会因此得到世人的助益。因为被挑毛病的人，不会挑别人，只知道努力地改善自己。”长大成人后才明白，父母的话不是名言胜似名言。所以，人一定要认识自己，多看看自己，少盯着别人。放下太多的欲念，不刻意地为了什么做事，要跳出自己看自己。经常打扫心里的污垢，不断反省自己，寻找自己的毛病，以求得心灵的宁静，才能悟道、明世、知礼，无畏地立于天地之间。

行有不得，反求诸己。人在这一生当中最难了解的就是自己。深夜睡不着的时候，反观自己的行为，梳理内心的自我，把平时听到的、看到的、想到的都结合自身来体悟。知道哪些知识得留下，对自己的成长有好处；哪些对自己无益，该清除出去。时时找准自己的位置，改善自己的思想，做到时时不忘记自己。这样，当遇到难以解决的事物，就懂得了从内心看问题，懂得换位思考，不单从别人的角度看问题，也从自己的角度看问题。这样，再难解决的问题，都终将会迎刃而解；你也会从复杂的问题中走出来，找到获取圆满的智慧。

如果不懂得修心，找不到真我，遇到问题解决不好，就会引发烦躁、发脾气，伤害自己也伤害别人，更重要的是还会让自己一事无成。暴躁的性情不光是天生的，大部分是人总把错推给别人、推给上天，而就是不懂得从自身上找原因，平息事。这是不公平的，这样受到最大伤害的是自己。求外得到的都是有相的，求内得到的才是无限的。无论是求外还是求内，都要先认清自己，才知道自己想要什么。找不到自己，就没有平静的心，就不会解决事，自然会使自己陷入迷惑之中；不但改变不了自己的脾气，还会使自己的情绪变得更坏，心神不宁；永远都像是个浅薄轻浮的人，没有深度；也容易给孩子营造一个简单粗暴的成长环境，以致辈辈简单粗暴。明白了这个道理之后，就从自身做起，让我们的子孙后代都成为文明之人，让我们的家族永远都是书香门第。

面对一切事物，给自己内心设下背水一战，多找自己主观的原因，把自己置之死地而后生。往往你会有一切的新生，慢慢地感到做人真正的快乐！否则，生活在如此复杂的人群中，社会的竞争如此激烈，每天面对钱关、情关、礼关，终日患得患失，迷茫之际会活得很累。

找到自我，认识自我。如果你找到自我了，你就是自己的主人，家庭的主人，甚至是社会的主人。如果你不用心认识自己，别人就是你的主人，你永远受别人控制，而不能控制别人。所以，我希望每一个家长，都能成为自己的主人，也培养好孩子，让他们成为自己的主人。

例如：我儿子说，上初中时，数学老师告诉他，再多的数学难题也离不开几个数学公式，因此，一定要熟练地背诵好数学公式。

其实，“家庭教育三部曲”，也像是最好的数学公式。当你遇到解决不了的问题时，对照一下书中的知识，看自己有哪里没做到。只要能理解了，做到了，问题就一定能解决好！

关键在自己的悟性，在于自己有没有充分地认识自己，认识到自己的原因。这才是从根上找解决问题的方法。比如孩子考试成绩不好，不愿学习，要让他懂得找自己的原因，深刻地写出来，警示自己下不为例。我们大人也一样，凡事要先认清自己，完善自己，事物才会自然得以完善。

另外，我认为家庭教育应该从刚结婚的青年人抓起，学会应该怎样做父母，再去领准生证。最好准生证经过考试才能拿到，像开车要考驾照一样。也可以不要求得很高，无论考试分数如何，只要学就比不学强。这是一件能够迅速提高国民人口素质的事，望国家以及全社会都重视起来。

孩子的声音

在心理学上，有一个非常重要的问题，就是定义“我”。

弗洛伊德把“我”划分为自我、本我、超我。他认为，我们的意识只是“我”这个概念的很小一部分，“我”有相当一部分是我们很难自己掌控的潜意识。有相当多的心理学家也认为，我们做出的很多决定，看似是“我”自己做出的，但其实是受到了环境的暗示、潜意识的掌控而做出的。

我请各位家长来做个游戏。现在，请大家给自己下定义。“我”是乐观的，还是悲观的？“我”脾气好吗？“我”乐于助人吗？“我”有什么特长？“我”会什么乐器？“我”唱歌好听吗？等等。下完这些定义以后，请各位家长一条一条地把这些定义拿开。比如说，如果拿掉了乐观，那么“我”还是我吗？如果拿开了某种特长，那么“我”还是我吗？请各位家长认真思考，拿掉了什么定义，您就感觉这个定义不再是定义您自己了，那么，那个定义对于您来说，就是真正重要的定义，是您认为核心的定义。

这个游戏的过程，其实就是认识自我的一个过程。

我们反复提到，人是一种高等动物，有着动物与生俱来的本能。动物本能是不会认识自我的，很显然，这对它们在野外生存无意义。但是认识自我却对我们在文明社会中的生活很有意义。敏感的家长可能已经意识到了，这又是一个孩子自己学不会，必须依靠家长们去教的能力。

自我意识强，和自私自利、以自我为中心不同。一个自我意识强的人，往往有着决断的能力，有着规划自己人生的能力，有着独立的、强健的人格。孩子在婴幼儿时期是很喜欢说“我”的，细心的家长可以观察一下。而等到青少年时期，他就会开始不断尝试去定义自己了，这时候的他会喜欢标新立异的服饰、发型，喜欢非主流的审美。家长们应该意识到，对于孩子这种“定义自我”的行为，是必须要家长们去引导的。家长们应该告诉孩子，服饰、发型、刻意的特立独行，这些都不能够定义“我”。真正能够定义“我”的，是那些核心词汇——乐观，健康，正直，有才华，勤奋……家长们应该像刚才玩的那个游戏一样，陪着孩子去认识他自己。

家长们应该知道的是，孩子在童年时期，是非常容易塑造的。俗话说“说他是什么，他就是什么”，就是这个道理。作为孩子心中最重要的人，家长们给他下的定义，是非常容易对他造成心理暗示的，家长们的喜好，是非常容易被他拿来当作自我要求的。这个时期，家长们应当格外注意孩子自我意识的发展，引导孩子形成一个健康的人格。而不是大大咧咧地放养和忽视，最终使得孩子形成了糟糕的自我认识，影响一生。

第一课的思考题

经常打扫下心里的污垢，不断地反省自己，寻找自己的不足，以求获得心灵上的宁静，才能悟道、明世、知礼，无畏地立于天地之间。你平常是这样做的吗？

第二课

释放自我

“犹如木人看花鸟，何妨万物假围绕。”我常要求自己达到这种境界，不然，面对众多的克害逆境，很难保持良好的心态。只要心中有理想，不管做什么事的时候，都会形成思想与行动上的统一。事情无论怎样宛转变化，心中的真意不变，哪怕有再多的逆境，都会变成由此增长自己的智慧。

木有根，水有源，人或事都有一个来龙去脉，都有一个始和终的运行轨道，凭空产生的事，大部分都是不可信的，任何一项成功都是因缘成熟的结果。用心去做事的人，不但会最终在事业上有所成就，而且会因成事，而成就了人生最圆满的智慧。把做事放在眼里的人，总是刻意地去追求一些东西，或避免什么，这种行为上的刻意，会使他做什么事都战战兢兢，满眼里都是各种戒律教条，不敢率性而为，最终事做不成，也找不到获取圆满的智慧，活得一点都不快乐！不会释放自己的人，任何时候都无法真正地站起来，无法把做人做事的根扎深。还有最坏的一面，他由于自己做不成事，而产生了对别人的嫉妒之心，因此总喜欢挑别人的毛病。成大事者是不拘小节的，他们会尽情地释放自己，用心地去做事，这样的人，往往到老都依然精力旺盛，可谓老当益壮。在做事中会释放自己的人，才会心智成熟、心态洒脱。就像巴金说冰心的一句话——“你永远年轻”。

真正的快乐不是从外界获得的，而是发自内心的；不是偶然的，而是持续的；不是跟谁一起才有的，也不是得到或拥有才快乐。哪怕是独处，静静地思索，也依然不失快乐的心。一个懂得生活、会在做事中释放自己的人，他会在生活中的每件小事里都能找到快乐，因为他有这种心境。

像艺术家一样去生活，摆脱世故和势利的庸俗，做到对事不对人。一个人少欲求就会少烦恼，多付出就会多快乐！如果体悟不到这种精神境界，你就永远不懂也不会释放自己。不会释放自己的人，终究不会有大功德的，因为他分不清舍与得的哲理。金钱、地位、爱情、名誉是能带给人快乐，但如果你把心思全放在这上面，刻意地去追求，那就是负担了。因为你的心里装满这些，就装不进去快乐，装不进去其他的东西，也就无法谈释放自己。要学会适当地舍弃、放下，给心留下一些空间，让自己在平静中获取快乐！

有时低头弯腰，不是向生活妥协，而是为了更好地蓄势，势气蓄积得满，跳得才更高更远，释放出去的光芒才灿烂。

凡事少发言、多领悟，听话听道理，看事看门道，时间长了自然就得到提升。只有高境界、高品位的人，才会强大，才会拥有自嘲的幽默，以及释放自己的资本。不要听事只听表面，看事走马观花，做事畏畏缩缩，想释放自己也没有资本。

例如：我从小在农村长大，村里有位和父亲同辈的叔叔，是我小时候学习的榜样！他曾是村干部，父母经常在我们面前表扬他，并讲些他的故事给我们听。

我懂事后，叔叔已经是一家乡镇企业的厂长，据说是他自己创办的企业。他们家有四个孩子。婶婶因为关节炎长年不会走路，也许是心里着急的原因，她的脾气可暴躁了，一天到晚地发火。有一次叔叔开会回家晚了点，婶婶发火抡起一个小板凳冲叔叔砸过去。叔叔捡起掉在地上的板凳，笑着说："这板凳真结实，没摔坏呢！"叔叔常常是忙了厂里的事再忙家里的事，婶婶嫌孩子们不干的活，他就赶快去干，像烧火做饭、打扫院子等。叔叔整天都笑哈哈地，无论谁给他气受，他都像没事人一样。

有时候，我问叔叔："难道你不会生气吗？"他说："孩子，人得长两个肚子。一个用来装饭，一个用来装气。饭吃到肚子里经过消化、吸收营养后，把没用的排出去。气装到肚里也要想办法释放出去，不能跟自己过不去。”

其实，人不管是接受了什么，新的知识也好，新的思想或面对批评、面对成绩等，都要经过自身的过滤，然后释放出与别人不同的认识，这也是自我存在的价值。

生活是最杰出的老师，它教会我们很多东西，我们也要释放出去自己的光芒。

孩子的声音

在面对“自我意识”这个概念上，家长们除了要引导孩子发现它外，还需要引导孩子去控制它、释放它。

孩子最终会形成一个什么样的人格，和孩子对自己的自我认识是相关联的。如果孩子认为自己是正义的，往往他也会形成一个嫉恶如仇的人格；如果孩子认为自己是开朗的，往往他也会形成一个积极阳光的人格。

在孩子还小的时候，他的人格特点往往没有那么鲜明，这时候，一些认知、一些暗示，就会对他的人格特点起到巨大的放大作用。这在社会学上，叫做角色期待。孩子对于自己的角色无疑是有期待的，在生活中“扮演”独特的角色会让他收获成就感和存在感——人人都爱成就感和存在感。那么，家长们需要做的，是学着如何去释放孩子的这些期待，引导孩子的这些期待，让家长们对孩子的期望变成他自己的期望，让家长的外因变成孩子的内因。而我们都知道，决定一个事物发展的，往往就是其内因。

好比说，很多家长都会和孩子讲：“你虽然顽皮了一些，但也是个善良的孩子啊。”这就会在孩子的内心中造成一种暗示，让他期待自己善良、认为自己善良，最终形成一个善良的人格。千万不要小看这些暗示，往往在孩子的成长过程中，这些暗示就会释放成为巨大的动能，推动孩子的成长。

家长们需要引导孩子去释放自我，就是引导孩子不断强化那些对于自我的认知，不断强化那些心理暗示，最终把这些期待、希望，变成他自己人格的一部分。

我们都不是天生的圣人、勇者、斗士，但我们往往都抱有着对这些美好人格的期望。鼓励、赞许、保护这些期望，引导孩子释放这些对“自我”的期望，是家长们在培养孩子的高尚人格中，最应该做的事。

第二课的思考题

在做事中会释放自己的人，才会心智成熟、心态洒脱。就像巴金说冰心的一句话——“你永远都年轻”。请写一写你在这方面的感受。

第三课

生命的活力

本来我把这一课定名为“战胜”，后来改为了“生命的活力”。因为我希望现在的孩子们，在求索的道路上，一定要懂得“量入而出，量力而行”，而不是盲目地自信。

“男儿不展风云志，空负天生八尺躯。”相信每一个孩子都会有自己的梦想，而实现梦想、拥有成功的资本，在于有能力、有胆量承担事。这些都需要一个首要的前提，那就是让生命充满活力。

养成会独立思考的好习惯，拥有自己的独立思想。凡事不要人云亦云，对待别人的问话或建议，首先要做的是反向思考，过滤一遍，看看对方的提问是否存在不当，才会避免陷入对方的思绪当中，无形被人误导，没有了自己。不断地在独处时给自己充电，自己给自己提问题，以问作答，自己做自己的老师。好多事想通了，就能看淡放下。想不通就会自己束缚自己，活得很累，甚至造成“世上本无事，庸人自扰之”的困惑局面。

世界上的一切事物，往往都是很简单的，人之所以觉得复杂，不过是自己的心在作怪，情绪在作怪罢了。人生不要给自己套上太多的枷锁，原本的生命才会充满活力。本是芝麻大的事，你把它想成了西瓜并思前想后地吓自己，结果事情还不一定会不会出现，你自己早已被累得不行了。忧虑本来是不该有的，遇事都往好的方面做，对最坏的方面有所准备。出现什么无所惧，生活本来就是处理完一事再来一事的，无事的生活是没意义的，也锻炼不出本领来。

往往在孩子小的时候，天真烂漫，生命力是最旺盛的，对这个世界充满好奇心，并不知道什么是忧愁二字，单纯地一眼透亮。慢慢地长大以后，考虑的事情就多了，接触到的事物也多，年龄在增长，眼界在放大，融进思想里来的知识越来越多，身上所背负的分量也越来越重；并且觉得自己长大了，什么都懂了，不太愿意接受大人的指手画脚。这个时期的孩子是难管的，是最不好教育的。你不说教给他，他自己想的和现实差距太大，说多了他又会嫌你烦，而且思想波动大，复杂到见山不像山、见水不像水。要使孩子顺利地走过这个阶段，就像上述说的那样，培养他独立思考的好习惯，凡事都能自己走进去走出来。大人的帮助只是外因，外因得通过内心领悟并发力才能起作用。这个时候的父母，需要多行动少说教，既能多影响他，又不失顺势而为，方可少些冲突，避免代沟，沟通也往往是畅通的。孩子在成长的过程中，最难过的莫过于这个时期，复杂的功课学习，性成熟的情感困扰，考大学，谈朋友，找工作等。人的痛苦往往不在所得太少，而是拥有和想要的东西太多。大人在这个时期要帮助孩子把握住平衡，使其能够保持心态平和、沉着、不乱方寸，便可以保住生命力的旺盛。

人的思想成长，不外乎走进去走出来。人处理事也有三个阶段，从认识，到主观再到客观。走进去走不出来的人，免不了要忍受紧张与疲倦的摧残。神经紧张所带来的身体副作用，比任何魔鬼都可怕，它能让人情绪失调。所以，时时要以愉快的心情，应对时光的退迹，保持冷静、沉着、平和的心态，不失生命的活力。让思想扎根，让学到的知识扎根，让充满活力的生命开花结果。

例如：你见过一位七十多岁的妇女，精心照顾着两位九十多岁的父亲吗？而且是每天精神饱满，从不嫌烦。所以，我想该把她记录在这一课，让她成为我们学习的榜样！

退休多年的她，十几年如一日，伺候着两位老人，一个是她的亲生父亲，现年九十四岁，一个是她婆家的父亲，也就是她的公公，现年九十七岁。两位老人住在一间屋里，她住在他们隔壁，为的是夜里随时能听到老人的召唤。每天早晨，她都早早起来到老人们的房间打扫卫生，有时他们把痰吐得满地都是，她总是一点点地清理。

老人们的伙食很丰富，她每顿饭总是变着法地给他们补充营养。老人们有时冲她发火，她开玩笑地说：“这是哪来的无名之火，把它找出来。”

有人劝她：“把老人们送养老院吧！你这样太累了，你也这么大岁数的人了。”可是她说：“那可不行，养老院再好，没有亲情。”对她来说，照顾老人们是天经地义的事情，她从没有过丝毫的抱怨，而是尽可能地让老人们过得舒适，而她自己也是那么地安然、满足，每天忙忙碌碌，生活充满了活力！

由此可以看出，“身教”是多么地重要啊！要想获得快乐的人生，让生命充满活力，就要懂得真心付出，不计代价，这样才能拥有内心真正的喜悦。

孩子的声音

人都是吃软不吃硬。

在教育孩子的过程中，我觉得最重要的一个原则就是平等。这里的平等，并不是说要家长们和孩子完全地平等，毕竟孩子是幼小的，很多事情上理所当然需要家长们来决断。这里的平等，是把孩子当做一个独立的人，您是怎么和同事、朋友相处的，一些原则就应该移到孩子身上来。只有这样，才能够激发孩子生命的活力。

家长们应该都有这样的认识，那就是人都是吃软不吃硬的。有的时候，你越拿出来硬邦邦的态度，越强势地要求，反倒处理不好问题。这都是大自然给予人类的生存本能。在人类还是动物的时候，依靠这种本能，人类可以敏感地识别对方的敌对信号，从而迅速进入戒备状态，应对危机。

但是，如果在教育中，父母与孩子双方互相释放敌对信号，进入“战备状态”，那就是一件很尴尬的事。往往当您拿出激烈的态度时，虽然孩子明明白白地知道您只是关切着急，并不会真的伤害他，但是他的本能还是在不断地提醒着自己：“小心，危险！”他的本能不会知道您究竟会不会打他、伤害他，不会分辨出“他是我的父亲所以他不会怎样伤害我”这种逻辑。在这种状态下，教育效果往往就会大打折扣。

来硬的，往往会损伤孩子的活力，孩子的精力会被用来在敌对中消耗，而不是用在生命的探索中。教育，需要唤醒孩子的理智和智慧，而不应该是激起孩子的敌对情绪。如果是和同事、朋友交流，我想家长们应该能够懂得“好言相劝”，懂得不做出过分强势的态势，那么为什么到了自己孩子身上，家长们往往压不住心中的火呢？这往往是由于家长们爱之深、责之切，是由于家长们抱负着太多的期望。期望产生要求，要求往往换来失落，这就会使得家长们激出怒火。

其实，和孩子的态度互动，家长们要一方面对孩子的幼稚、不理智有着足够的心理准备和应对方式，来防止自己被激出火来，一方面还要把孩子当做一个独立的人、完整的人。这当然是一件很难的事，但是教育本身就不简单，不是吗？

和孩子之间的互动，最忌讳的是变成敌人。只有安全的、温暖的环境，才能够让孩子把所有的活力用在学习和生活上，才能够真正激发出孩子生命的活力。

第三课的思考题

“男儿不展风云志，空负天生八尺躯。”相信每一个孩子都会有自己的梦想，而实现梦想、拥有成功的资本，在于有能力、有胆量承担事。那么，首要的前提是：让生命充满活力。请写一写你和孩子在这方面是怎么做的。

第四课

面对批评

面对批评时，做一个装傻的人，把自己的聪明隐藏起来，放低姿态，虚心地对待意见。试着把“恨”变成“爱”，把“偏见”变成进一步的“了解”。越成熟的稻穗把头垂得越低，越聪明的人越懂得弯腰求学。自作聪明的人是傻瓜，而真正聪明的人都懂得装傻，这是一种境界，是以退为进的策略。

“好言好语三冬暖，恶语伤人六月寒。”我小时候经常听母亲说这句话，她老人家虽然没文化，不懂教育，但对于孩子的教导，有些话至今记忆犹新，永生难忘！直到我长大结婚生孩子，也从没对孩子有过恶言恶语。

随着年龄的增长，我们懂得批评也分很多种，对于有建设性的批评，真诚而有道理的意见，就应该心悦诚服地接受。因为人无完人，言行中免不了有错误。真诚的批评，是自我修养的借鉴和依据。从而发现做人做事的道理，用不同的意见激励自己，做更深刻的反省与思索。人是感情动物，往往在面对批评时不理智。可是，越是出色的、有成就的人，越是懂得珍惜别人不同的批评，因为这样才能从中获取宝贵的意见。诚恳地接受有价值的批评，会给你带来无穷的帮助。

另外，每天检查自己的行为，提前做好自我批评，尽可能地把自己修补完整。这样也会避免遇上别人的责备，而不伤害自尊心。如果既不愿意接受别人的批评，也不提前检查自己，做好自我批评，是很难得到进步和提升的，也会使自己变得庸俗陈旧，或与人格格不入。我也曾是个很在乎别人批评的人，因为小时候在家几乎没挨过批评。听到别人的恶语中伤，我既害羞又害怕。紧张过后我慢慢思索，一人难称百人心，也许有时候在某些环境里，怎样做都觉得不能十全十美，那就求个问心无愧好了。按照自己认为是对的做，不管别人说什么。

有这样一类人的言行，我们大家要注意不能学，更不能做。他们对任何事情都总是不愿意付之行动，但又时时觉得自己比别人高明；遇到自己喜欢的观点，也会没有诚意地说不够深刻；如果不喜欢的，更加非议指责。其实，他们并不真正了解和懂得，只不过是凭着主观感觉论事罢了。最令人讨厌的是，别人在做他在看，且评头论足。别人做成事了，他嫉妒、挑事或打击；别人做不成事时，他说是意料之中的。这样的人甚至朝三暮四，看这也好，那也想做，只把理想放在眼里，并不放在心上。结果是他们什么都做了，却什么都没做成。这山望着那山高，到了此山没柴烧，可谓是终日寻春不见春。并且这类人道德低下，喜欢夸大别人的错误和疏忽。而一个越是重要、越是有价值的人，越会有更多的人关注，他们越是挑他的毛病、百般苛责。所以当你受到不公平的待遇或批评时，不要过分激动，因为那表示你在别人心目中具有特殊的价值，并受到了特殊的关心，有时往往“爱之深，责之切”！

有心行善，虽善不赏；无心作恶，虽恶不罚。自然力永远安排的都是水到渠成的事，知道努力后，真正做一个顺其自然的人。很多事情是需要兼顾和平衡的，哪怕是被冤枉又无力辩白的委屈，也要试着用宽大的胸襟装起来，做一个能拿得起来放得下的人。

例如：在我很小时的记忆里，我家后面是叔叔家，也就是我父亲的弟弟家。母亲和婶婶妯娌两个，一辈子互敬互助，从没红过脸。

我们两家兄妹七个，数我最小，所以，母亲和婶婶不管去哪里都带着我，因此，我平时听她们说话最多。父亲和叔叔都是正直善良的人，刚正不阿，脾气也很大。如果母亲和父亲有不同意见的事，最终一定是母亲听父亲的。但母亲也是个很要强的人，争执得到批评后，常会气得不吃饭，所以有胃病，身体不好。

相比之下，婶婶就不一样了，叔叔的脾气更坏，动不动就跟她发火，有时候还打人呢！但婶婶该怎么吃饭就怎么吃饭，她还常劝母亲说：“谁生气不吃饭，谁是傻子。人要把批评当筛子，把伤害、无利于自己的筛出去。”

其实，人来到这个世上就是一种修炼，首先从思想上能认识到，又能落实到行动中去，真的很不容易。如果希望自己的孩子在面对批评时不卑不亢，懂得感恩与赞美，同时也不因此而伤害到自己，那么我们必须身体力行，以身作则。

孩子的声音

其实在我母亲书中的很多课里都要求家长们要平等对待孩子，要鼓励孩子，要跟孩子和颜悦色地交谈。那么一定有些家长就要不高兴了：“难道孩子就招不得、惹不得了？”当然不是，教育孩子健康成长是家长的责任和义务。对待不成熟的孩子们，家长们还是要该批评就批评，该纠正就纠正。

但是批评这玩意儿，首先需要双方都讲理。

年轻人有着年轻的思路，往往要等到我们走向社会受到挫折，才会知道什么叫做“讲理”。“爸妈说得对，但是我就是烦，我就是不想听”，这就叫不讲理；“我就是想玩，就是不想学习，我也知道学习重要，但是我就是不学”，这也叫不讲理。教育孩子，往往不是说，您说得对，他就会虚心接纳。要是这样，教育还真是简单了。孩子往往是不讲理的，尤其当他面对家长的时候。这个时候，您说得再多，都没有效果。面对批评，重要的或许不是批评的内容，重要的应该是如何让孩子听得进去，重要的是如何让孩子处在一个“讲理”的状态。

我们都知道，当一个人不讲理的时候，你说什么都是没用的。那些路边撒泼打滚的人，那些刁皮混混，相信家长们在社会中已经是屡见不鲜。那么，孩子也是一样的。孩子不讲理的时候，您肯定备感无奈，因为您是打不得、骂不得，说他他也听不进去。这时候，我还是要说，问题不在问题本身，问题是出在问题爆发之前。

一个人，究竟是讲理还是不讲理，也是家长们教育出来的。当孩子还小的时候，他是最不讲理的，说哭就哭，说闹就闹。这时候，家长们究竟有没有拿出一个讲理的态度出来？答应了孩子的事，变卦了，这叫不讲理；自己情绪不好，打骂孩子，这叫不讲理；没有原则性地安排，非得让孩子干这干那，这也叫不讲理。

请家长们首先想一想，自己教育孩子的时候，讲理了没有？如果有，我再请家长们想一想，您引导着孩子讲理了没有？当孩子哭闹的时候，您有没有告诉他要讲理、要理解父母？当孩子要这要那的时候，您有没有告诉他要讲理、要体谅父母？当孩子讲理的时候，您有没有及时地表达您的惊讶、赞叹，还有一些奖励？

面对批评，首先您得确保您的孩子讲理，您的孩子是理智的、独立的、有想法的，只有这样他才能听得进去批评，尤其是他父母的批评——毕竟孩子处在逆反期。那么，在这之前，您有没有把孩子往理智、独立、有想法的道路上培养呢？当孩子表现出理智的时候，您有没有夸奖他？当孩子提出自己的想法（无论是对还是错）的时候，您有没有赞许他？

教育孩子，是一件很困难的事。困难往往就在孩子他是不讲理的，偏偏您还不能放弃他。批评孩子，最重要的不是强调您是对的、他是错的，而是要让他懂得“讲理”啊！

第四课的思考题

当你受到不公正的待遇或批评时，不要过分激动，因为那表示你在别人心目中具有特殊的价值，并受到了特殊的关心。生活中你有过类似的感受吗？请写一写。

第五课

换位思考

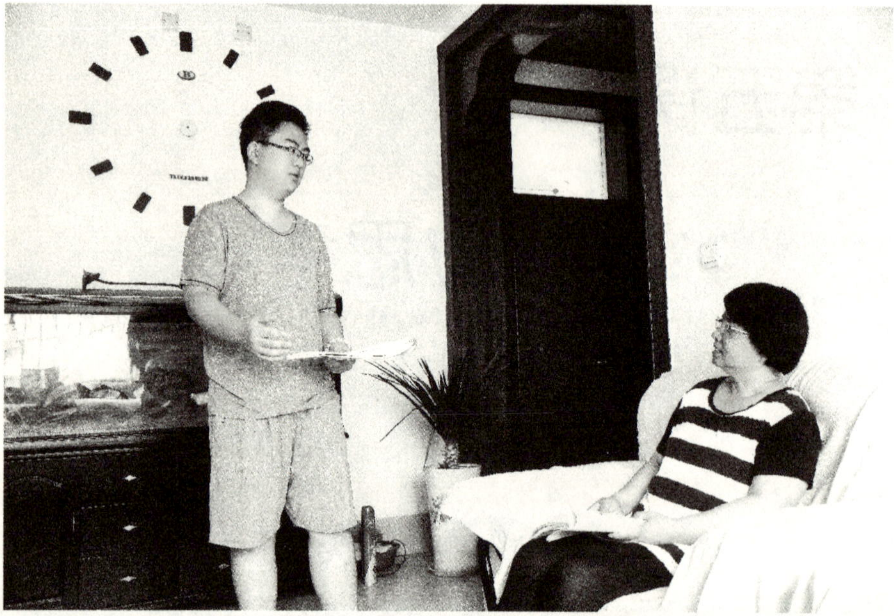

如果每一个人都懂得并做到“换位思考”，这个世上会少了许多争执与怨恨。设身处地地站在别人的角度上看问题，一切问题都将会迎刃而解。

每个人的心理特征、生理结构、情绪组织可能都没有太大的出入，但只因他们之间所处的环境不同，受到的教育和经历过的事不一样，所以表现出来的行为也就不同。

美国前总统林肯，曾经受到许多高阶层人物的批评，但是他认为，对每个人的所作所为都不应该过分指责，因为人类的行为是他所处环境、机遇、教育和天赋特性的产物。

同样，我们家长对孩子的教育，尤其是批评或指责，也要事先换位思考一下：假如我是孩子的话，我会愿意接受什么样的家庭教育？父母怎么说我才能听进去，并改正好？这一点非常重要，有很多孩子和家长有代沟，就是孩子他已经不愿意听你唠叨了，可你还在那没完没了，似乎要强压给他你的想法与看法。那样感情就会出现问题。如果你懂得并做到事先换位思考，说出来的话能够让孩子心服口服，即便是他有时不高兴，不愿意接受，过后也不失对你的敬佩或服从。换位思考就等于默默理解对方，在此基础上进行分析和解答问题。相信聪明的家长都会这么做，理解万岁！

凡事都换位思考，是人的一种素质，对解决起问题来说利人利己。换位思考不只是家庭教育中一个不可缺少的步骤，而且适用于我们生活、工作的各个方面，是通往理解道路上的一盏明灯。你批评教育孩子时，换位思考让你先理解了他。你接受别人的批评时，换位思考一下就会理解了别人的用意。这样能让自己凡事都自我化解，能克服很多不必要的忧虑，甚至还可以把仇敌变成朋友。它是善解人意的前提，同样，换位思考需要人有肚量和文化素养。天生暴躁且没有肚量的人，要好好学习这个方法，能使其自救。不然，你总是控制不住自己的情绪，经常因一点小事也会跟孩子大发脾气，等到平静之后再后悔，此时错事已经铸成了，也已经对孩子产生了实际性的伤害。如果不懂得用换位思考来做灵丹妙药，服下治疗的话，你可能还没等孩子的伤口抚慰好，又开始了类似事情的发生，接下来又是一轮的后悔。我见过的太多了。这样无休止的行为，会让孩子陷入很深的孤独和烦躁中，这是一个死循环，甚至会困扰孩子一生，并影响孩子的心理健康成长，让他陷入迷惑或心神不宁的状态。

如果想让孩子身心健康、个性完善，成长得更优秀，那么一定要学会换位思考。点亮这盏通往理解道路上的明灯，服下这副治疗天性暴躁的灵丹妙药。谁如果说无法改掉，那是你的决心不够，你在给自己找借口。你如果真心想让孩子的未来不留阴影，就一定要下决心改掉！

一定要学会换位思考。凡事替别人想想，拥有一颗感恩的心，可以有效地预防各种疾病。与其把时间用在指责和抱怨上，不如做个有胸怀并能理解别人的人。

凡是懂得换位思考的人，都应该得到表扬。因为能做到换位思考太重要了，化解了很多人与人之间的矛盾，避免了很多是非的发生。

例如：记得在我十五岁那年，我们家地里丢了四棵大树。一天早上，村里的大喇叭里通知，村南边地里谁家的树被人偷了，请大家去看看。我哥哥听见了担心地说，准是咱家的树被偷了，因为数咱们那几颗长得最大。我们急忙跑去地里一看，果然不出所料。

不过可能是不该丢，也是上天的眷顾，我们有线索可查。都说贼是偷风不偷雨，他们会趁着刮大风时作案，因为大风可以把农村土路上留下的脚印、车印都刮没了。偷我家树的人也是趁着起大风才去干坏事的，可谁知道刚把树放倒，风就停了，路上正好留下了他们拉树的车印、脚印。我们顺着这些路上的痕迹，没费劲就找到了离我们村不远的一个村口，往村里就再没有痕迹了，因为村里的人早起来扫大街了。我急忙去乡镇派出所报警，立案后带人来这个村里搜。派出所的人和村领导商量，通知村子里的人，今天都别出去，准备好挨家挨户搜查。正在这时我无意中发现，村中间有个胡同里，一家妇女出来进去好几次慌慌张张地东张西望，像是很着急地等人。我把这事告诉派出所的人，大家立马去她家翻，果然从她家的地窖里找到了我家丢的树。

原来是我们村里的人，偷了树放他亲戚家来了。这家人听说派出所要挨家挨户搜查，赶快捎信儿给偷树的人，正急着等他们来想办法运走呢，所以才慌慌忙忙地出来进去，像是火烧屁股一样。

案子就这样破了，派出所到我们村里来，要把人带走。这俩偷树的人赶快来求我父亲，求我们原谅他们，并让我们给派出所说说情，别带他们走了，让赔多少钱赔多少钱，说了很多好话。我父亲和哥哥真的这样做了，也没要他们赔一分钱，只是让他们把树还回来就算了。父亲说：“都是街里街坊的，低头不见抬头见，年轻人知道错了，改了就好。”

处心踏地为别人所想，原谅别人的错误，互相留一份情面，这也许是人与人之间最好的处事方式。

孩子的声音

换位思考是孩子人生中必经的一课，这也是孩子很难自己掌控的技能之一。每个人降生下来，他的个人意识会自发地慢慢壮大，但这种个人意识往往是趋利避害的本能，而并非社会需要的、能够适应社会生活的智慧。家长们需要教给孩子如何控制自己的本能、欲望，其中最重要的一课就是要教给孩子换位思考。

换位思考，顾名思义，就是站在对方的角度，站在别人的视角去思考问题。这是要求我们能够重视别人的利益，尊重别人的存在，把别人的权益放在心上。为什么呢？因为每个人都是一样的，你生下来趋利避害，别人生下来也会趋利避害。人不是动物，人是靠着团队、靠着结伙的智慧才从大自然中脱颖而出。而在长期的“结伙”中，人们总结出来诸多“你好我好大家好”的“社会经验”，以保证团队乃至族群不至于陷入无边无际的争斗和混乱。

你爱吃肉，我也爱吃肉，如果你把肉全吃光了，我没得吃，我肯定不高兴。我不高兴，我就不跟你合作，咱俩的团队就破坏了。没有了集体，人类还怎么强大呢?

所以，换位思考的本质其实是在维护人类社会，维护集体的团结性。在教育孩子的过程中，家长们首先要让孩子知道，损人永远不会利己，也就是说不能让孩子感觉“损人利己，损了就损了嘛，我管你这么多”。要让孩子知道，如果他不去换位思考，那么一定会受到集体的惩罚——在家庭中，一定会受到家庭的惩罚。第二，要让孩子意识到换位思考的重要性，就要让孩子在换位思考中尝到甜头。当孩子换位思考地去尊重他人、为他人着想了，家长们应该大方地、毫不吝啬地给出自己的奖励和鼓励。

当然了，在这一过程中，家长们还要着重保护孩子的自信心。在“惩罚与奖励”的过程中，不要伤害了孩子的人格独立，让孩子变成“讨好型人格”，一味地讨好别人，盲目地对别人好。这要求你对孩子也采取一样的态度，孩子如果因为你的“不换位思考”而对你提出了意见，你要接纳，不能摆家长的架子；你对孩子的尊重和换位思考如果起到了效果，应该向孩子索取他的鼓励，让孩子鼓励你。

这样，就是让孩子明白“换位思考”的双向性，明白“集体”的温暖和美好，明白“大家好才是真的好”这个平实的话语中蕴含的巨大道理。

第五课的思考题

换位思考就等于默默理解对方，在此基础上进行分析和解答问题。你在处理孩子的事时，是这样做的吗？请举个例子写出来。

第六课

方便别人，方便自己

身在天地后，心在天地前；身在万物中，心在万物上。意思是说：身虽产生于万物产生之后，心却想在天地万物产生之前；身虽处于天地万物凡尘杂事中，心却漂浮于天地万物之上。这就说明人的胸怀大气昂然。

方便别人就等于方便自己，表面上看，你给别人带来了便利，别人会念着你的好、记着你的恩，并找机会想着回报你。即便是你帮了别人，别人没有回报你，实际上天地万物的功德栏里，也已记下了你的名字。法律外面有天律，帮人就是在成己。聪明而有智慧的人，都会高高兴兴地帮助别人。

比如有人沾光了就高兴、吃亏了就恼怒，得到利益就说别人好、得不到就说别人不好，不管利益是损人利己还是投机取巧，当下这样的人太多了。尤其是年轻的孩子们，要正确对待利益关系，不能把钱看得比命还重要。不惜损德取利，就等于把钱看得比命重。因为德行是生命根基里的养分，伤不得。花花世界诱惑再多，也要把持住，以德养性。欲广福田须静心。千万不要为钱财与人争争斗斗，用尽心机不惜害人，殊不知这样害的是自己。君子爱财取之有道，穷则独善其身。

私心过重的人，常常因小事就与人争吵，或是结下仇恨，都是因自负心甚强。即便是有人调节，也总是会有不愉快的心情隐藏心中，勉强和解。正如道德经里所说："和大怨，必有余怨。"现在我们知道这样是害自己，就应该让自己有个好心情。方便别人，方便自己，养德积福报，欲求大智慧，不要小聪明。

圣人讲："上善若水。"水利万物而不争。水虽然柔弱，可是，即使有再坚硬的东西去攻击它，它还是会得到最后的胜利。比如，石头投入水中，就会被水涵盖，因为它有"包涵性"；火遇到水，就会被消灭，因为它有"化解性"；泥土遇见水，就会腐烂，因为它有"渗透性"；钢铁浸在水中，就会产生锈，因为它有"浸蚀性"……这些都代表着"柔能克刚，弱能胜强"的道理。这些事实大家都明白，可有几个人能学习水，能做到利万物而不争呢？

这些知识有价值，需要我们做家长的用一辈子去学、去修炼，并用实际行动把这些知识浸透给孩子。让孩子们拥有助人为乐、利人而喜的心态，健康、积极、向上地成长。千万不要对孩子灌输“人不为己，天诛地灭”，在学校跟人相处不能吃亏，或自己学会了的别教给别人等这样的错误想法。这样的家长都是愚蠢的，是会把你的孩子教糊涂的。本来这个年龄就难出迷魂阵，常常会因有解不开的事，心浮气躁，烦恼不安。你再给添些负担来束缚他，使他难以走出自己的圈子，孩子会活得很累。不管孩子以后成事大小、挣钱多少，首先要让他活得站直腰板、堂堂正正、光明磊落，心里踏实快乐！

钱财不是求来的，更不是与人争来的，它是修来的。厚道、仁和、慈爱，才会福德无疆。算计、小气、争斗、怨恨之人，命薄福薄德薄，终日寻春不见春。要永远明白一个道理，方便别人就是在方便自己，是在给自己积福报呢！

例如：都说“世间难得两全法”，但是真的难得两全法吗？

其实是有的，往往只需要在遇到事情的时候多想一点。

有一次我和一个朋友赶公交车，当时正好是附近的服装市场下班，人挤人十分混乱。我朋友和我本来站在靠近车门的地方，却硬生生被挤到了后面。我朋友十分恼火，嘴里就开始嘟嘟囔囔的。前面的大妈听见她嘟囔，也很恼火，两个人拌起嘴来。吵着吵着，火气越来越旺，两个女人就要打架，堵得后面的人也上不去，公交车司机、等着上车的人都开始嚷嚷起来。

这就是没有做到“方便自己方便他人”啊。有的人会说，我要是让她一步，那不是认怂了吗？却没有看到，你不让这一步，给自己带来了多大的麻烦。有时候遇到事情，就应该多想一想——我是为了做什么呢？想着这个，不要被途中的各种事件分散了你的情绪，方才能够方便自己、方便他人。反之，执着于小事情上获利、占上风，往往会因小失大。

家长们千万不要给孩子带这样的头。而是要言传身教给孩子：方便别人，就等于是方便自己。

孩子的声音

我认为，人类是从动物的种群，逐渐发展成了人类自身的社会文明。在这一过程中，道德、法律、规矩，不断出现，又不断更改，维持着文明的延续。

生活，是以有限征服无限。人类的道德和法律是有限的，生活中的纷争是无限的；人的精力是有限的，生活中的意外和矛盾是无限的。这就要求我们拥有解决矛盾的智慧，拥有平息纷争的智慧。

“方便别人，方便自己”，其实这是一种智慧。

我们在生活中经常会遇到这样的例子。同样是处理事务，有的人遇事就着急，情绪应激，有一点点不顺立刻就着急上火，发生争吵，结果鸡飞蛋打，一事无成。有的人呢，不急不缓，不卑不亢，扎扎实实，最后不但自己的目的达到了，还能通过巧妙的手段皆大欢喜，让大家都高兴。家长们，是想让自己的孩子做前者，还是做后者呢?

我想家长们的内心里都有着明确的答案。那么我想请家长们想一想：您，究竟是前者，还是后者呢?

一个动不动就着急上火的家长，很难培养出一个遇事沉着冷静的孩子。一个没有智慧的家长，也很难培养出一个“方便别人，方便自己”的孩子。

现代社会，讲究双赢。信息时代，谁都不傻，靠着坑蒙拐骗发家致富，总不是长久之法。要想在这个社会上好好地生活，甚至赢得成功，还就得“方便别人，方便自己”，还就得遇事不急不缓、不卑不亢，既把事办了，又让大家伙都高兴。

作为家长，您在教育孩子的时候，有没有做到既把孩子教育了，又让大家伙都高兴呢?

“方便别人，方便自己”，这种智慧说难也难，说简单也简单，其实不外乎就是真诚二字。如同做买卖，我要是卖家，卖东西肯定是要挣钱的，这么说是我坦诚；但是呢，买家花了这钱，肯定能让他满意，让他买到好东西，这么做是我真诚。这不就是双赢吗?

教育孩子的时候也是如此，你肯方便我，我就肯方便你。该玩的时候，你愿意怎么玩就怎么玩，我方便你；该学的时候，那你就得听我的，这是你方便我。如果家长们能够在教育孩子的时候保持原则，秉承共赢理念，那么潜移默化之间，孩子也能感染到这种“规则”的意识，也不会去故意地打破规则。这就做到了“方便别人，方便自己”。

指望哄骗挣钱，大家都知道不可行。那指望哄骗教育孩子，怎么可能会可行呢，您说是不是?

第六课的思考题

我们要学习水利万物而不争，并且任何东西都打不败它。方便别人，方便自己，相信大家都会这样教育孩子。请写一个你教育孩子经历中的小故事。

第七课

泰然处之

DS

古人说：“人以品德为重，站则顶天立地。善以行为准则，如泰山北斗之雄伟。”一个人不管遇到多大的风浪、挫折与坎坷，都应不畏艰辛，不怕困难；忍常人所不能忍，行常人所不能做；在心里只有自己的目标和理想，风雪险恶岿然不动；无论遇见什么，都会以一颗强大的内心泰然处之。人世间只有这样的人，才配有大的成就，才会实现人生的目标。做到这一点是需要有很大修为的。具备以上的善行品德，而且有不卑不亢的处世态度，懂得尽人事听天命。

如果想培养孩子具备泰然处之的资本，就要从根抓起，并且家长自己也好好学习做榜样，陪同孩子共同向着目标前进。好多时候光想到却做不到，知道该怎么做，可就是不会做。知道和做到是两回事，人与人之间的差距可能就因此而扩大。往往不是不知道，就是做不到。要么就是高估自己，妄自尊大；要么就是怕吃苦受累，贪图享乐。除非你不要求孩子有出息，长本事，否则，就只有先要求自己负责任。凡事就怕认真，就怕精益求精，任何事、任何问题弄不明白誓不罢休，有份坚持和定力，有份恒心与耐心，就怀揣了世人成事的法宝。有了这个法宝，世上再无难事。孩子学业有望、事业有望、忠孝有望。

一个人一个世界，生死是一种定数，不为任何而改变，是每个人都无法逃脱的。生命的真正意义不在于时间的长短，而在于活的价值所在。有质量的生命才会有意义。所以，有智慧的人，都会把握每分每秒的时光，珍惜可贵的生命不虚度，让每一天都成为自己最快乐、最有收获的瞬间。看透了人生的历程，把握住生命与时光的来之不易，就等于把握住了成功。

如果一个人看重的是内心的强大与自信，而不是外在的物质和欲望，哪怕遇见天大的事情，担当起来也会像什么都没有发生一样，泰然处之。如果你看重的是外在的物质和欲望，而不是内心的强大与自信，那么，这些物质和欲望就会变成束缚你的枷锁，使你哪怕遇上一点事，都会被弄得身心疲惫，劳累不堪。佛家讲的“万法由心”就是这个道理。你用心把什么看得最重，什么就会像石头一样压着你。如果一个人觉得生活太累，压得透不过气来，就把身外的背负暂时放下；专注于自己内心的清净，转移注意力，烦恼自然就少了。由此可见，人具有一颗强大的内心，就会泰然处之，就不会惊慌失措，患得患失。身外之物围绕在一颗强大的内心周围，或有或无，或隐或现。需要什么就拿出什么，如果什么让人觉得累、烦，就放下什么。

只要外在的追求不超过内心的承受力，一切都会泰然处之。自己有长处须掩饰几分，这是一种涵养和深度；别人有短处须遮盖几分，这是一种深厚和大度。一定要增强内心的智慧与强大。

人追求外在物质的欲望，远远超过了内心的承受力，就会造成心浮气躁，甚至六神无主，这时候处事都会缺少智慧，当然遇事更无法做到泰然处之。

例如：有这样一对夫妇，女方在医院工作，男方是律师，他们生养了一个男孩。孩子从小是爷爷奶奶带大的，父母很少跟孩子在一起。孩子长到七八岁时，父母花钱把他送去了私立的贵族学校，孩子在封闭式校园里度过了童年。上中学时，父母发现孩子跟自己一点儿都不亲，性格有些孤僻，这才急忙把他转到身边来上学。可是太晚了，尤其是他们夫妇又生养了二胎，孩子更是不跟他们合群，经常离家不回，宁愿住在他家旁边的小旅店里，也不愿回家。还经常偷偷在家拿些钱，身边跟着些不三不四的孩子。父母想尽办法地接近他，他总是躲避父母。夫妇俩去找心理医生、咨询专家都没有明显的效果。

自小父母爱的缺失，让孩子产生了不安全感，不安全感易造成心理的障碍，心理的障碍导致性格的扭曲。不健全不完善的个性，缺少生命的厚度和广度，自然承载不住人生的高度，如何谈遇事能做到泰然处之?

孩子的声音

母亲曾经对我说过这么一句话："孩子，你知道'怕'字怎么写吗? 怕，就是左边一个心，右边一个白。心中空白，人就会'怕'。"

这句话对我的影响很深。它让我明白了，世间大多数的泰然处之，其实都是心中有所持。

我相信，家长们都希望自己的孩子成为一个不卑不亢的人，成为一个面对任何事都能够泰然处之的人。那么，究竟什么样的教育才能够引导孩子心胸宽广、肚量博大呢? 其实，就是要往孩子的内心填补东西，填补圣贤书、高尚的品德，填补理想、不息的追求。当一个人拥有了这些，他面对挫折、困苦、艰难时，才能够泰然处之。

一个人心中有物，才能够无所畏惧。曾经有位世界著名的富豪这样说过："让上帝剥夺我所有的财产，扒光我的衣服，把我丢到一个沙漠里去。然后让一支商队经过我的身边，那么十年之后，我依旧会是这个世界上最著名的富豪。"这是怎样的自信！这种自信，就是对自己能力的自信，而并非是对自己金钱的自信。他胸中所持，是自己的能力，而不是现有的财产。所以，当他面对威胁个人财富的巨大挫折时，能够临危不惧、泰然处之。哪怕失败又如何呢？只要我人还在，就一定能挣回来。

恰恰相反，也有很多的富豪、高官，虽然身居高位趾高气昂，但其实每天活得战战兢兢，十分害怕"出事"，一旦"出事"，慌得就好像热锅上的蚂蚁，丑态毕露。为什么呢？因为他们的财富和地位并不是靠着自己的能力打拼出来的，而是靠着运气、小手段、阴谋来攫取的。他们的"自信"，源于自己的财富。一旦出现了威胁财富的危机，他们当然不可能泰然处之了。

一个人对挣钱的能力有信心，他就能对金钱泰然处之；一个人对自己的专业能力有信心，他就能对地位泰然处之；而一个人如果对自己的人格、理想、品德有信心，那么，他就能对自己的人生泰然处之。

家长们，想要让自己的孩子不卑不亢，对一切都泰然处之，那么，请在他幼小的内心中填补一些东西吧。行舟大海，还需要有重物压舱啊。

第七课的思考题

如果一个人看重的是内心的强大与自信，而不是外在的物质欲望，哪怕遇见天大的事情，担当起来也会像什么都没发生一样。你有这种感觉与经历吗？请写一写。

第八课

人格的成长

“修合无人见，存心有天知”。孩子在各方面的成长中，人格的成长是最为重要的，也是家长最应该关注的。往往大人似乎能拿出百分之百的精力，关注孩子考了多少分、得了多少名，可又拿出了多少精力去培养孩子的人格成长呢?

儒家讲：“士希贤，贤希圣，圣希天。”士是读书明理之人，尚且要“见贤思齐”，进而贤人还要效法圣人，但是圣人有所不知，又要效仿天。道家讲，天法道，道法自然，依据宇宙万物的自然法则，不矫揉造作，任性无为。儒家是效法圣贤的高尚人格，进而通于天格。道家崇尚宇宙间自然的真理法则。总之，这些都是引导人格的成长与完善。

人格的成长包括的面很广，是孩子全方面健康发展的总括，是为人处世所表现出来的气场。基本的一点就是得失不失其常，荣辱不惊，不会办离谱的事。在行为上对待人或事，都能够量力而尽，量入而出。遇上了不公平不愉快的事，不惊不躁，不发脾气。遇上了高兴或荣耀的事，也不过分喜悦或夸张炫耀。借别人多少还多少，并记得别人的情谊，知道感恩。当看到别人有困难总是会积极地去帮一把，并不图回报。从不想着占别人的便宜，在有能力的情况下，对别人能付出多少就付出多少。从不口出讳言说轻话，或欺蔽隐私、逢人称知己等，更不会迷花恋酒、乘人之危，或尖酸刻薄、飞扬跋扈。懂得责人轻、责己重，功多归人、过多归己。患难中能守，安乐中不忘。公平正直，济急拯危，处事不辞劳怨。不攀高贬低，不仗势欺人。总之，注重孩子的人格成长，更离不了身心健康、个性完善的培育。心善德厚是本，在此基础上开枝散叶、开花结果。人格高尚的人，一看就五官端正，慈眉善目，威严祥和。

要想使孩子的人格不失全面成长，需要的不只是父母言语之教，更多的是以根养叶，拥有一颗慈善的心，注重德行与修养，在经历中磨练自己的心性。每个人的根性不同，所悟到的知识也会有所不同，所表现出来的人格成长也不一样。就像达摩祖师的诗："达摩西来一字无，全凭心意下功夫。若要纸上谈佛法，笔尖蘸干洞庭湖。"可见生活中的知识是多么地微妙，写在纸上的知识并不是全面的、完美无瑕的。要用心去悟，举一反三，与时俱进地学习。为什么圣人都讲究大器晚成，因为想要成为一个有所成就的人，必经时间和人格的考验，才能得到真正的成功。

人格的成长是不封顶的，学到老练到老，成长到老。能心装宇宙，什么人类的是非曲直、三教九流都能容进心里，并尽力将其调和，任其生生化化。所谓圣人的人格，就能成长到这般境界，他们为成就人类一切的美好，甚至不惜牺牲自己的生命。“任凭风吹雨打，胜似闲庭信步。”这是何等的胸怀，何等的人格！

我们现在都生活在安乐太平的盛世里，生活在锦衣玉食的今天，没有理由不好好学习，并注重人格的全方面成长，没有理由消耗自己的福报。每个时代的人，有每个时代的责任。每个时代也会成就出每个时代的伟人。哪怕只是社会中普通的一员，也要尽其所能地使自己发光发热，使其人格的成长得到更好的展现。

例如：农村人的思想封建，重男轻女的家庭多，再加上现代科技发达，什么办法都有，造成了严重的男女比例失衡。因此，农村有很多男青年找不上媳妇，同时也让一些不劳而获的女青年钻了空子，骗婚成了当今农村很常见的事。一个女青年在三五年内，结婚、离婚个三五次的也有，靠这样的手段成为百万富翁，而且不触犯法律。

我家门口开药店的朋友，她弟弟三十一岁，结婚、离婚两次了。家里多年的积蓄早已花光，还欠了不少的债，父母仍不惜代价地给儿子张罗婚事。每当听说这一桩桩骗婚事件，都让人气得牙根发痒。

人格的成长，应当引起整个社会的重视，成为每个家庭的责任，成为每个人必修的课程。只有每个人都学会自己管自己，人性才能进化，社会才能真正稳定、健康地发展。

孩子的声音

人格的成长是一件很艰难的事。

事实上，观察四周的人，我们会发现，不是每一个人都有着独特的人格，不是每一个人都可以让你在接触过他之后记忆深刻。我们周边的人，或多或少都是以面谱化的模样存在的，往往你只能记住他的腼腆、或者开朗、或者善良、或者暴躁。往往这些人只会给你留下一个或两个很大众化的印象，而这些印象，又都是可以被代替的。

腼腆的人有很多，开朗的人有很多，善良的人有很多，你又是谁呢?

让孩子拥有一个独立的、独特的人格，相信其重要性也不需要我再过多赘述。独特，不是故作有个性，不是为了特立独行而特立独行。它是你独有经历的展现，是你读过的书、认识的人、思考过的事情、信仰的理论，是能够迅速把你和他人区别开来的标志。

在现代社会，我们越来越少地通过亲戚关系来定位一个人。在古代，往往“我是谁”这个问题可以通过“我是谁谁的儿子”“我是谁谁的孙子”“我是谁谁的侄子”这种定位来解决。但在这个父母与子女都不常住在一起的现代社会，这种定位已然失效。我们需要更内在、更不可变动的“标志”来定位自己，来诠释自己。这，就是我们的“人格”。培养孩子的人格意识，其实就是在解决孩子未来道路上可能会有的迷茫和徘徊。

人格的成长，需要家长们的参与和引导，更需要孩子自己觉醒内因。当然，这种内因多半也是出于家长们的影响。当孩子发自内心地想要成为某种人的时候，家长们的任务，其实已经完成了大半。

第八课的思考题

人格的成长，是孩子全方位健康成长的总括，是为人处世表现出来的气场！请问你注重孩子的人格成长吗？在这方面你做了哪些工作？请写一写。

第九课

安全感

一个人真正有安全感，首先就要给心安好家。一个内心安稳的人，无论处在何地、环境如何，依然能够按部就班地做事、快乐地生活。

古人说“水能载舟亦能覆舟”。人与人之间的关系也是如此，相互依存，彼此依靠。大家都懂得知恩、感恩、报恩，这样水载着舟是安全的。可有些人观念错了，为了追求功利，彼此设障碍阻挠，引发许多纠纷和危难。这就是水能覆舟，没有了安全感。

所以，真正能够给人提供安全感的，不是外在的人和房子，或多少存款，谁谁当官做靠山等。如果一个人做错了事，会使自己的内心不安稳，就算有再坚固的房子、再大的靠山，. 他依然会有失落感和紧迫感，觉得自己满是压力，一点也不轻松。他常常会烦躁不安，活得没有半点快乐。因此，最能让人有安全感的是自己的“心”，而最能让“心”有安全感的是人的行为。所以，做父母的要想让孩子活得有安全感，就教他关好心里的一扇门，一扇通向犯错的门，一扇能够抵制住各种欲望，不在受到诱惑时打开的门。

人们常说：“学好三年，学坏三天。”通向欲望的道路是个无底洞，一旦走进去很难回头。可是得来容易的富贵，犹如拔苗助长，枯萎得很快，因此带来的损失也会很大。所以，我们要让孩子懂得这个道理，做任何事都需要努力耕耘，把根扎牢固。生命之根扎不牢固，活得没有安全感；做事的根扎不牢固，这项事业难以有很大的发展。

就好比一棵树，根深蒂固不怕任何暴风狂雨，我们的社会里，有太多的孩子缺少这一点了。从小的根没有扎深，没有注重全面地成长与发展，只注重单一的书本知识的培养，太偏重于分数了。教育失衡也会缺少安全感。

社会中大部分犯罪的孩子，都是背后有原因的。不是被父母离弃没人管教，就是单亲缺失一方爱心的培育，再要么就是娇惯成性，父母不懂教育害了孩子。

做父母的最需要培训。一代父母培训好要影响三代人。往往人们对一些知识不是难懂，而是在忙忙碌碌中常忘记，忘记把好的知识付之于行动。家长培训班就应该是一个充电自省的地方，一个加强修养、自度度人的场所。人的思想不能够太空虚了，总是要不断学习点知识，不然惰性和玩世不恭会占据了人的思想，使其顿忘圣贤之道。而一时的行为失衡，也会造成很多的不安全因素。像陈大惠老师带队义务讲演的圣贤教育，能教育改变很多人的命运，也同时影响很多家长的思想。但毕竟时间太短，一闪而过，之后人们又忘记了鞭策自己。而父母学校中，对家长的培训要把这些知识扎根在当地，形成长期的教育聚会场所。

总之，我本人希望我们的国家、社会，以及每一个做父母的都行动起来，重视家庭教育，重视我们一代代人类的进化，让我们的子子孙孙能够永远生活得有安全感。

例如：在2008年前后，网络上盛传着一位“网瘾治疗专家”的事。很多家长把自己管不了的、沉迷于网瘾的孩子送到这位专家那里，试图让这位专家来尽到自己作为一个家长未尽的职责。而这位专家是如何管理这些孩子的呢？据网友和记者披露，这位专家对这些孩子实行所谓的“军事化”管理，动则打骂、体罚，甚至频繁对孩子使用“电击治疗”。

令我感到震撼的，是一段采访视频。当时一位记者获准对“网瘾治疗所”里的孩子和孩子家长进行采访。当时记者站在讲台上，对坐在下面的家长们说“在座的各位，曾经体罚过孩子的，请举手”，齐刷刷，大部分的家长都举起了手。当问到“是不是曾经攻击过孩子、辱骂过孩子、损伤过孩子的尊严”，“是不是曾经在孩子的面前和配偶打架、吵架”，“是不是对孩子说过‘我真后悔生下你’这种话”时，几乎所有的家长都举起了手。

有网友感慨道：“这些孩子沉迷于网瘾，原来都能从家长身上找到问题啊！”

是啊，家长能否给予孩子安全感，往往是孩子是否听话、懂事、不走偏的决定性因素。当这些家长对孩子犯下如此多的错误时，孩子这棵小树怎么能不长歪呢？当孩子出现问题以后，这些家长非但不反思自己，却又把孩子送到这样的“专家”手里，来逃避自己做一个家长的责任，这又怎能不让我们唏嘘呢！

安全感，是一个人心理的根本诉求。当这种诉求得不到满足时，孩子们出事、犯错，真的是必然的啊！

孩子的声音

安全感，就是可控感和可知感。换句话说，当一个人认为自己对周边环境有足够了解时，当一个人认为自己有能力改变周边环境时，他就会有安全感。相反，当一个人认为自己没有能力改变周边环境、没有能力认识和把握环境、只能够默默承受环境带给他的伤害时，他就会极度缺乏安全感。

当一个人缺乏安全感的时候，他就像一头被威胁的小兽，本能会促使他做出行动。至于这种行动是好是坏，谁都无法知晓。

一个最明显的例子，就是父母吵架。

当一对夫妻不停吵架的时候，孩子是极度缺乏安全感的。他无法得知父母什么时候吵架，这就是可知感的缺失；他也无法阻止父母吵架的行为，这就是可控感的缺失。他只能默默忍受父母吵架给他带来的伤害，比如剧烈争吵的声音，比如对他的忽视，比如有可能会存在的“撒气”行为。在这个时候，孩子就会自然而然地做出改变。这种改变，往往就是降低父母在他心目中的重要性。因为当父母在他的心中不重要了，父母吵架的行为在他的心中也就不重要了，他也就不需要承受父母吵架的痛苦了。这，都是本能帮助他做出的抉择。这时，这个孩子开始变得冷漠、疏远，对家庭漠不关心，他开始在别处寻找安全感，比如在校园内拉帮结伙，比如早恋，比如频繁地打游戏等等。

安全感是一个孩子成长的必需养分，我要反复地强调这一点。当一对夫妻开始产生剧烈分歧时，他们最好达成一致，给自己的孩子传输这样的信息——夫妻之间吵架是正常的，爱情变得平淡是正常的，甚至离婚都是正常的，但是这一切都不影响爸爸妈妈爱你，不影响你的生活；一切都不是你的错，都和你没有关系，只是爸爸妈妈需要处理一些成年人必须要面对的问题，这是爸爸妈妈的任务。

家长们应当保证自己孩子的安全感不缺失，否则，会导致什么样的后果，谁都不确定。

安全感充盈的人，和安全感缺失的人，成长出的人格显然是不一样的。前者更健康，而后者需要花更大的精力去和自己内心的不安全感作斗争。无形之中，前者的人生更轻快，而后者的人生更艰难。

如果想让您的孩子健康，请务必让他有安全感。安全感是一个人成长的必需环境，而不安全感却是激发一个人兽性的最大因素。

第九课的思考题

人的安全感在心里，心里的安全感来自于行为！你认为安全感是住在豪宅别墅里吗？是在当官有靠山方面吗？请把你认为的安全感在哪里，写出来。

第十课

和 谐

人最值得尊重的一面，并不在于有多高的技能，或拥有多少财富、高官厚禄等，而是要有一颗大爱之心、公正公道之心，一颗怀着舍己为人的高尚之心。这样的人，他们总是会看到弱者，总是能看到需要帮助的人，而且把人与万物都视为平等，没有势利眼和世俗之心。这一方面父母给孩子带来的影响，是最直截了当的。

社会中多一些有大爱心的人，社会和谐，家庭和谐，孩子有教养、有前途。就算平时遇见别人无理取闹，也不会发火斤斤计较。忍辱在佛法里面是最有力的一种修道之术。在我们普通人群里，也一样是能忍者方成大事。因此，世间最珍贵的不是金银财富，而是人与人之间的尊敬之心、仁爱之心。

博爱本身就是一种能力，一种最强大的、战无不胜的能力，因为这种能力收获的是人心，而且不是一般的人心，不是用有价的东西能换取的人心，不是势力世俗的人心。清朝初期的孝庄太后说过，她一辈子没攒下金，没攒下银，就是攒下了人心。从那时起，清朝两百多年的江山都是她家的。

一个家庭里的和谐，有利于孩子心理健康，有利于养成好家风好习惯。需要每一个人都做到忍耐、做到付出，大人这样，孩子自然会跟着学。每一个人都有他自己的生命轨迹，他今天的思想与处事方式，来源于他昨天所受到的教育以及经历过的事。张三的东西到了李四这里，李四要经过沉淀、筛选，结合自己的认识。因为别人的代替不了自己的，所以人云亦云、以讹传讹，害人害己，是没有一点自己的存在价值的。所谓的朋友，通过交流互动传播有意义、有价值的知识和经验等，因此达到互勉提升，或有困难互相帮助，有力出力，有钱出钱。哪怕是出言，也要让对方听后，能从迷惑中走出来。而不是越帮越忙，打破了原本的和谐。

与家人、朋友、同事相处，要相互依赖、相互帮助，要珍惜缘分，多记对方的好，报恩长报怨短。不要两眼瞪得一般大，整天盯着有没有吃亏。其实吃亏真的是福，能吃亏说明你心胸大。不是有这样一句话吗，人的心胸有多大，他的世界就会有多大。

有大格局，才能有大人生。善良、德厚、品质好，爱别人、牵挂别人、宽容别人，这些都是能让人获得美好人生的法宝，能使人和谐相处的良丹妙药。相反，如果整天斤斤计较，沾光行，吃亏不行，甚至阴险毒辣，这样自认为是为自己争来好处，其实是在给自己造罪，给子孙后代造罪，也给家庭、社会带来不和谐。

真正聪明而有修为的人，他看中的不是外在的东西，而是内心的富有与快乐！这是修行与修养的好处，这才是生命根基里的福，永远不变的收获。

例如：说实话，我很不喜欢吵吵闹闹、争来争去的事发生，平时遇上了准会是自己让步。所以，吃亏成了我这辈子常有的事。儿子都学会了，常常是自己吃了亏，还来变着法地安慰我。

有一次，我打扫卫生时，不小心把他书柜里的雕塑品打碎了。本来这是他最喜欢的心爱之物，疼得他皱着眉头。可他看着打碎的雕塑品，说了声："没事妈妈，我早就想摔了它啦！"有时候他放学晚了，手机又没电打不通，进门的第一句话准会是道歉："对不起妈妈！我回来晚了，手机又没电，让您担心了。"

我常说："儿子你如果以后找个媳妇，也能像你一样，咱家该多和谐啊！永远也不会有争吵。"儿子安慰我说："放心吧妈妈，我向您保证，咱们家从我开始，今后辈辈都会是书香门第。"

和谐是需要每个人为之付出努力的，我们生活在如此安乐的太平盛世，不要盲目地放弃这世界的美好，让本来能拥有的幸福生活，却因贪心而忽视了它的存在。

孩子的声音

没有人会想要自己的家里充斥着争吵，没有人会想要在一个没有安宁的环境里生活。家长是这样，孩子也是这样。所有人都希望自己的家庭和谐美满，希望自己的生活环境和谐安宁。

其实我分析，家长和孩子之间产生巨大冲突和矛盾，原因主要有两条。第一是家长自持自己是家长，不约束自己的行为，习惯对孩子倾泻情绪，发泄意见。第二是孩子不讲理，不懂事，惹家长不高兴。

这两条其实咱们在前文中已经都说过了。家长如果自持家长身份，蛮不讲理，那么等孩子长大了，个子比你高了，甚至挣钱了能独立生活了，也就到了孩子跟您疏离的时候了。孩子如果蛮不讲理，又没有得到家长的正确教育和引导，那么孩子肯定就会长歪、长偏，变成一个“惹祸精”。

这两个方面，是造成家庭生活不和谐的最重要的原因。我们说过，人生是以有限征服无限，是用有限的精力来面对无限的问题，可以说生活其实就是一个又一个矛盾。家庭外面遇到了矛盾，大多数人都能够拿出解决矛盾的态度，来处理这些“生活的波澜”。可是家庭内部遇到了矛盾，大多数人就不再有这种“解决问题”的精力了。

很多人会觉得，家庭是避风的港湾，是人生的巢穴，不应该出现矛盾。但是客观现实就是这样，事实就是只要人和人相处，哪怕是夫妻、父母、子女，也依旧会出现矛盾。矛盾出现了，如果再抱着“家庭中不存在什么矛盾”的态度去忽视、去压抑，那么只会让矛盾越积累越多。很多人，在外面沉沉稳稳，遇事做人都扎扎实实，但是到了家里，面对自己的家人，却毫不耐烦，肆意地发泄自己的情绪。这样的人，恕我直言，是很愚蠢的。

和谐的家庭，不是一蹴而就的，也不是一个道理支撑起来的。它需要我们长期地维护，不断地解决矛盾和分歧。在这一过程中，我们可以分清主次，可以着重解决重点问题。但是更重要的，还是要有一颗直视矛盾、向往和谐的心。

第十课的思考题

你认为和谐、大爱之心会对人生有什么样的影响？谈谈你的理解，并写一写。

第十一课

梦想与自信

一个人想实现自己的愿望，不怕没有资质、没有机会，只怕没有毅力。凡事贵在坚持，总有一天会实现梦想。就算有再高的学历、再多的机会，如果没有毅力，也将一事无成。

每个人都有自己的梦想，学生的梦想是考好大学，成年人的梦想是成就一番事业，老人的梦想是膝下承欢。但是往往人的愿望跟现实有距离，有的人怨恨没有机会，有的人已经获得了机会，却依然没有把握住。很多时候需要反思自己的原因，想一想是否缺少承担成功的责任感？凡事有担当、有责任心，才会有成就。别说机会不来你这，来了机会担不住也一样错过去。

一个有担当的人，懂得正确对待人和事，不卑不亢地历练自己，自然会形成有格局的人生。格局决定命运，命运影响前程。这样人就会自己创造机会，引领事物发展。

要想孩子有好前程，就要培养他的人生格局。让他养成凡事有担当，有责任心才会有自信，有格局才会有成就，才能实现梦想。

有人说："我们不想让孩子吃苦，也不盼着孩子成多大事。只要能成人，活得快乐就行了。"可是，人真正的快乐源自于哪里？物质的享受能带来真正的快乐吗？还是反而会带来更多的烦恼？我们一定要能真正地了解生命与生活的本质。物质生活的高水平，能够带给孩子什么？精神境界的升华，能够给孩子带来什么？他们长大后最需要的是什么？人精神上的快乐与升华，是来自于不断的成就感的。

我们的社会，国家最需要的是人才。要想让孩子获得美好的人生，快乐的人生，有成就的人生，就从培养他的人格与自信开始。

一个孩子的心理健康，性格完善，有大的人生格局，自然他自己就会有远大的理想，并且有自信、有抱负，追求自身的价值自然会成就一番事业。当外界的一些世俗情感影响到他的时候，他会看得很淡。因为他内心的目标不变，他的内心是安静的。外界的环境怎么变化，世俗情感怎么诱惑，都改变不了他的定力。久而久之，就可以使孩子的骨子里形成一种韧性。这种韧性能使他处事伸缩自如，无论成败得失，都能够泰然自若，不被外界所迷惑。因为他有自己坚定的意念，不被外界任何所左右的意念，这样就不会被任何挫折打倒，终将会实现他心中的梦想。

一个有自信、有梦想的人，才会拥有成功的机会。成功的因素不在于你想要得到什么，而在于你能够担当什么。拥有足够的胆量与承担能力，才真正拥有了成功的资本。

梦想是种子，自信是花树的根，无论是风吹雨打还是阳光明媚，它都会亭亭玉立，发奋成长。它想让自己的呼吸，改变空气的质量。它想让开放中的芬芳，带给人们心旷神怡。它想让世界因为他的存在而变得更美！正是因为有了美好的梦想，才会使人变得坚强，更坚强。

例如：曾经一位高中老师在和我聊天时说到，最担心的往往不是孩子不学习，而是孩子心里“没想法”。

这位老师在一所县城教书，他的学生们有一多半是考不上大学的，更别说重点大学。在这样的环境下，这位老师说，最恶劣的不是不学习的孩子，而是那些对社会一无所知，又根本不知道自己该干什么的孩子。

这位老师给我举了一个例子，他说，有个孩子曾经也是不爱学习，上课老是睡觉，根本听不进去。他和这个孩子聊了聊，发现这个孩子心里很明白。这个学生说：“老师，我知道自己不是这块料，我不喜欢读书，就算我努力，也只能勉强上个二本三本。我家里条件不好，我觉得让我爸妈供我上那样的大学，挺没意思的。我想上技校，我喜欢汽车，我想学汽修，当学徒，也能给家里缓解压力，也不算没有前途。”这位老师于是拉着孩子和学生家长沟通，最终孩子高二辍学，保留学籍之后去了技校。几年后，这个孩子靠着汽修技术，自食其力，在省城安了家落了户。他还计划要攒几年钱，自己开汽修厂、开4S店呢。

“这是有想法的孩子。”这位老师说，“还有很多根本没想法的孩子，将来走向社会以后，或者打工，或者啃老，或者成了小混混。有想法就是有目标，有目标才有希望。我看过太多‘没希望’的孩子。”

请问家长们，你了解过你孩子的“想法”吗？你觉得，你的孩子有“想法”吗？

孩子的声音

“梦想是人生的一盏明灯。”相信这句话很多家长都听过。但是，诸位有没有认真地思考过这句话的重大意义呢？

我可以给大家讲述几个现象。我的很多同龄人，在高考结束之后，在考上大学以后，仿佛一夜之间失去了方向和动力。不再有人催着他们每天学习了，不再有人逼着他们做题考试了，他们也不需要再勉励自己玩命努力、拼搏奋斗了。一夜之间，这些本来朝气蓬勃的孩子就变得颓唐失落，变得漫无方向。大家可以去看一看现在的大学生，有多少人还能拿出自己高三时的劲头去面对人生呢?

为什么? 因为他们丧失了自己的梦想，因为现代教育给予他们最大的人生理想，就是“考上一个好大学”。理想达成了，接下来的空虚也开始汹涌喷薄了。

环顾身周，究竟有多少人称得上是“有梦想”呢? 有多少人，不过是奔着好工作、奔着钱财、奔着社会地位，在艰难爬行? 又有多少人，是真正明白，自己的一生想要做什么、自己想要成为什么?

而我的身边，也有着不少正面的例子。我有一个同学，认准了教育行业的蓬勃发展，再加上他本人对于数学、对于那些蓬勃少年的热爱，决定要当一名数学老师。“成为数学老师”，这就是他的人生理想。而我的同学中，这样的人不在少数。有的人想要成为一名雕刻家，有的人想要成为一名战地记者，有的人想要成为一名兽医……在他们的身上，有着和旁人不同的自信——因为他们对自己的人生，有着非常清晰的期待。

“梦想是人生的一盏明灯。”那个想要成为数学老师的人，考上了一所著名的师范学校数学系，大一的假期就开始在辅导机构兼职教课。想要成为一名雕刻家的人，在美术领域越走越远，也开始不断地在微博上展示自己的雕刻成果。想要当一名战地记者的人，目前在美国读书，最近正在尝试着加入一些国际志愿者组织。由于他们有梦想，他们时刻明确自己应该干什么、将要干什么，他们知道做这些事对自己的梦想有什么帮助。因此他们时刻在奔跑，充满自信，从不停息。而那些没有梦想的人，往往总会迷失自己的方向。一个连自己想要干什么都不知道的人，怎么会有奔跑的动力呢?

梦想，是一个人最珍贵的财富。它能给予一个人方向，更能给予一个人自信。

家长们应该在孩子小的时候，就让他尽可能多地接触各行各业，发觉他的潜力，让他找到自己人生的目标。这，也是家长们能给予孩子的最珍贵的财富。

第十一课的思考题

成功的因素不在于你想得到什么，而是在于你能够担当什么。物质给人带来的快乐是表面性的，而精神给人带来的快乐才是永久性的。你认为这种说法对吗？你的梦想是什么？

第十二课

明心见性

明心见性，是在经历了做事中的磨练、自我修行的过程之后，才能够在处事中显露出来。让孩子学会认识自我，释放自我，学会换位思考，解决问题……孩子有了许多的实际磨练，自然就明心见性了。

另外，为什么有的人一辈子都走不出误区，不能够明心见性呢？往往是他们做事不善于体悟，即便是体悟到了，又因缺少毅力而做不到。所以，要做到明心见性，是需要很多方面、很多环节都能做好的。

有人常说：“我的心中有一股无名之火，没控制住就怎样怎样了。”要想有定力，能随时控制住这股无名之火，就要在做事中反复磨练自己的心性。什么事想好、想明白后再去做。做的时候学会慢下来，边做边体悟，再多的失败也不着急，不根据自己的第一印象匆忙做决定。放慢自己的心思和行动，把事琢磨透，最正确的决定才会出现。日复一日地如此想事、做事，自然就明心见性了。再就是要懂得忏悔，“金无足赤，人无完人”，我们是凡人不是神，人都有犯错的时候。所以，常常静下来，把说过的话和做过的事，都仔细地检查几遍。有什么不妥或没做好的地方吗？常给自己提个醒。哪里做得不好，需要纠正一下或修补一下；哪里做得好，争取下次更好。我有过失礼的地方吗？我做的事，说的话伤害到谁了吗？这些都要经常检查，经常忏悔。

有句话说得很好，“罪从心起将心灭，心若灭时罪亦亡”。我们自己的内心，只有我们自己能看得到、看得清楚。因此，也只有靠自己不断梳理，洗刷干净。尽可能地不犯错，或少犯错，把为人看成是为己，为己也是在为人。把能够帮助别人、能为别人付出，看成是自我存在的价值。

人无论做什么事业，都注定要经历一个漫长的沉淀过程。无论你想用什么方式来刻意地回避这个过程，结果都会是得不偿失的。只有懂得真心付出，在漫长的沉淀过程中坚持，磨练出一种韧劲，才会找到生命的真正含义，体悟到价值的不断提升。慢慢地你会怀着一颗淡定的心，放下对物欲的追求。在无限的寂寞中，默默地思考，使更多的智慧超越自己、解脱自己，让生命拥有自己都无法想象的创造。

在能够明心见性的基础上，人的内在潜力是无限的，生命的光芒也是无限的。因此，有了人类的发明创造，人类的不断进步。所以，我们要让孩子从小就懂得，在生活中多磨练自己，增强担当的能力，认清自身的存在价值，积累更多的见识，拥有更多的智慧，让生命放着光芒走向未来。而不是被过多的贪婪、物欲所束缚，埋没了生命本应有的价值，埋没了心性中无限的光明，使其不得不在碌碌无为中度过一生，悔之晚矣！

有时候忍耐就是条路，不懂忍耐的人，一般不会让自己的心明。同样，不会充实自己的人，也很难见到自己强悍的个性。

例如：前段时间，在我们这个偏僻的县城，出了个考上清华大学的高考状元。据说这个女孩六岁时，父母带她去清华大学校园参观，并在校园门口留影。从那时起，孩子就种下了要考清华大学的梦想，如今以裸分698分的优异高考成绩，备受瞩目，用多年的刻苦和努力圆了自己的清华梦。

这个女孩是县重点中学的一名学生，在她家里的书桌上，摆放着一张她六岁时在清华大学门口拍摄的照片，旁边还附着一段话："每个人心中都有属于自己的梦想，相信这个世界绝对不会辜负如此努力的你！"

从小在心里就点燃了梦想的火花，十二年磨一剑。这期间有孩子自己的刻苦和耐力，一定也有父母英明的引导和耐心的陪伴。因为爱是一切教育的前提，陪伴是无言的动力，因此孩子感觉她生命有根，有源源不断的精神财富。

这个世界上从不缺少有伟大梦想的年轻人，这个社会也并不缺少有野心的人。但只有勇敢地抬起脚迈出步伐的人，用实际行动证实能量的人，才有机会达到高峰，才能够做到明心见性。

孩子的声音

一个人的性格，往往来源于他内心的真实向往。

向往快乐的人，往往开朗；向往深邃的人，往往深沉；向往理想的人，往往博大；向往生活的人，往往扎实。一个人真正想要什么，往往能决定他的性格，乃至他的人生。

这种“真实向往”，有的是随着他天生的性格带来的，也有的是随着父母的教诲、个人的经历形成的。明确了自己内心深处的向往，才能进一步作出令自己真正满足的选择。

怎么活着，都不如让自己满意地活着。

其实，很多人都不知道自己想要什么。很多人，都是在浑浑噩噩地活着，没有理想，没有想法。他不知道自己要的是快乐，还是智慧；不知道自己要的是瑰丽的远方，还是脚下的生活。明心见性，就是教人发觉自己内心深处的渴望，觉醒这些渴望，让渴望的内因来塑造自己，塑造自己的人生。

盲目地被性格带着走，总是低效的。明心见性，让自己的性格和内心的渴望融为一体，推动着自己前进，才是高效的。

教育孩子成为一个完人，不如教育孩子成为一个真人。在我看来，一个真人，遵循着自己内心的准则和规矩，对外散发着自己灵魂的气味，形成自己独特的气场，活得有模有样、有滋有味，这是我们可以追求的。而完人太过遥远。

家长们应该引导着自己的孩子，完成“明心见性”的过程。特别是当孩子步入青少年，家长们应该引导着孩子去思考自己的梦想、理想，思考自己的性格，思考自己真正想要什么。思考过这些问题的人，能够做出明确回答的人，能够拥有一个有滋有味的人生。没有思考过这些问题的人，只能在浑浑噩噩中度过一生。

第十二课的思考题

明心见性就是到了见山是山、见水是水的境界了，就意味着人从复杂的思想过程中走出来了。请问你和孩子走出来了吗？是否明心见性了？

第十三课

心里的灯

点亮心里的灯，让自己步步不迷失，从不失去正确的方向。

人如果心里不阳光，在错误的道路上迷失了方向，越努力反倒离想要的目标越远。这个时候，一定要停下来，静静地思索，从根上解决问题。首先就是要点亮心里的灯，照亮自己也照亮眼前的事。无论任何事，都是眼下的最重要，清楚了现在的，才能够明白未来的。没有光亮看不清当下，真实的东西扎不下根基，何谈发展有成就。好好洗刷心灵的污垢，点亮心里的灯，照亮眼前的自己。不然，心里没有阳光，再好的未来憧憬，也会在你幻想时，让现在丢失溜走了。

人生命里的时间就这么多，你把思想过多地用在幻想上，未来就会成为现在的累赘。只有今天更多地积累，才会达成未来的成功。只要在努力的时候，不断停下来找找方向就好。有时人们自认为的绝路，其实是有多条路，跳出自我的束缚，从多个角度审视自己，你会发现无路后面，其实有更多的路。不过是那些路，隐藏在我们的内心深处罢了。你要点亮内心深处的灯，把自己照亮，自然就发现多条道路通罗马。

一般寺院里都有大智慧的师傅，打坐时把眼睛闭起来，不去看外面的花花世界，而是反观自己的内心。在内心编织属于自己的世界，守护好心田里面自家的宝藏。每个人的内心都会有大批宝藏，只是很多人不善于发现，不懂得挖掘使用。在我们身边就有很多的宝藏，只是因为每天接触，而没重视发现它们的价值，因此没有珍惜利用好。如果心里的灯一直是亮着的，就不会失去或错过身边有价值的东西。

一个人也许没有太多的钱财，但一定要有心灵与思想上的富有。也许没有很大的权力，但一定要有大的影响力。靠着自身的素养和能力，靠着心理与思想上的富有，永远做个智慧上的引领者。钱财只是人与人之间的一种交流工具，今天来了，不代表永远就是你的，明天走了，也不等于永远就是他的。权力再高也有失去的时候，永远被人偷不走、丢不掉的是思想里的智能，行为上的德与素养。这才是人生最大的财富。

我本人就是一个很好的例子，当做了十几年的产业，因种种原因不得不放弃时，强烈的失落感几乎把整个人掏空。如果不是心里有一盏不灭的灯，照亮着内心的宝藏，照亮着多年来为家庭教育做出的付出与经历，怎么会想起来写“家庭教育三部曲”呢？如果没有这些年来，在家庭教育方面点点滴滴的积累，怎么会有丰富的经验来写出这些文字呢？所以，一定不要忘记身边的宝藏，时时点亮心里的灯。

让生命怀着善良的爱意敞开自己，用智慧点亮孩子心里的灯，照亮他自己的人生之路，也照亮别人。点亮孩子心里的灯，让孩子从小就懂得，时时看清楚自己，活得明明白白，前进的路上步步不迷失。

例如：前几天我去农村走亲戚。在饭桌上有一个十几岁的小男孩，告诉他奶奶说，他在某某人家里，看见同学的哥哥相亲，女方问有楼房吗？男方回答没有。女方又问有车吗？男方回答没有。女方又问有存款吗？男方也回答没有。这个小男孩的奶奶说：“什么都没有，那完了，媳妇肯定娶不成。”小男孩问奶奶说：“我长大了咱家不是也没有楼，没有车吗？”他奶奶说：“所以你爸妈都出去打工挣钱去啦，你长大了也得挣钱，不然娶不上媳妇。”

这不经意的几句话，似乎表明媳妇是花钱买来的。我反驳了小男孩的奶奶几句，我说：“你怎么可以这样教育孩子呢？他还在上小学吧。你这样无意中向他传递着，只有钱和外在物质，决定着他未来的一切。而不是眼前要好好学习，努力劳动、创造，长本事，将来成就自己的事业！”

小男孩的奶奶说：“成就事业不也是为了挣钱吗？现在没有钱啥都是假的。”我问她说：“您有姑娘吗？给姑娘找女婿时，是想找个有能力、有人品的青年人，还是要找个有楼、有车、有存款就行，败家子也不怕呢？”奶奶一时无语。

我们大人一定要分清啥是无价的，啥是有价的。让孩子心里时时亮着一盏无价的灯，照亮着前方的路，去努力追求他的人生目标。而不是误导了错的方向，浪费耽误了他自身本应该有的价值。

孩子的声音

有很多能够指引孩子一生的“明灯”。理想、道德、审美、对错观，这些东西理应是家长们点开了一个头，但是燃起长明之火的，还是孩子自己。

理想，可以引导孩子对自己的人生做出规划，可以让他不颓唐、不浑噩、不迷茫。道德，可以规范孩子的行为，可以让孩子成为一个高尚的人。审美，可以推动一个孩子前进的方向，让他自觉远离丑恶，追逐美好。对错观，可以让孩子做出正确的价值判断，选择坦荡的一生，让孩子活得正直、坦然。

这些灯火，其实都源于家长们的教育。往往人类文明的结晶，都是在“教育”这一过程中不断传承。家长们，从自己父母那里传承下来善和爱的智慧，又把这些灯火传承给自己的孩子。这些美好的东西，在不断传承中维持了人类文明的发展和稳定，保障人类的文明最终没有失落在利益、斗争和丑恶的沙漠之中。

家长们的教育，给孩子点燃了这样的灯火。而孩子本身的精神，又给灯火提供了长明不灭的燃料。当孩子自觉走向良善的道路，自觉选择正义、选择高尚，这些灯火就会在孩子的内心中愈燃愈烈，照亮孩子前行的道路。而他们，源源不断地向灯火里投放自己的人生经历和感悟，投放自己的坚持与觉悟，最终把灯火的种子传承给自己的孩子。在这个薪火相传的过程里，人类的文明被照亮了，人性被照亮了，世界被照亮了。

心里的灯，是真正能照亮前行道路的灯，是能引导着孩子远离陷阱、远离沟壑，走向光明与未来的灯。这样光明的灯火，这样传承的光明，其实就是教育的最大意义。

第十三课的思考题

时时能给孩子指明正确的道路，需要大人的智慧。当孩子迷失自己的时候，你是怎样点亮了他心里的灯？请写个小故事。

第十四课

求木长，固其根

《道德经》里说："天下皆知美之为美，斯恶已。"意思是说，如果是为了美好的形象，就一再虚伪地巧扮，像这种作为，难道还算是美好吗？"皆知善之为善，斯不善已。"意思是说，如果行善是为了让人知道，才去做善事，那么，这种行善还算是行善吗？

求木长则固其根，先要看孩子的本质是怎样的，在此基础上找准根基浇水施肥，去虫去病。什么事发生都会有个源头，找出其因来。天生安分守己的孩子，一般不是最聪明的，但却是最本分的，惹事少。智商开发好了，这些孩子往往德才兼备。非常聪明的孩子，一般都不是很规矩，一不小心就容易犯错。对这样的孩子，不能任由他的欲望蔓延，要注重锻炼他克己，不然难得善始善终。环境适合他时，顺风顺水能够抓住许多机会。不过在这期间，如果得到的收获都为己所用，而钻进欲望无底洞，这样就容易把聪明演变成傻子。德才兼备的人不是天生的，是自身努力与成长环境造就的，是克己奉公、修身养性的品德促成的。

两个非常聪明的人，必然会因为他们的成长环境的不同，所受教育的不同，思想认识与修养的不同，人生方向就会有诸多的不同。一个也许会走向欲望的无底洞，或不归之路。一个可能就会得到生命更深一层的辉煌。如果孩子是安分守己的性格，鼓励教育他多尝试、多经历，助推他战胜自己，有勇气走向更高一层能展现自己的舞台，才有更多的魄力！如果孩子是非常聪明而又不扎实的性格，多让他吃苦，多磨练他，甚至多让他经历挫折，把他性格里不扎实的一面磨掉，把人性与思想里的善德之根扎深；让他最终收获的是生命更深一层的辉煌，而不是欲望的无底深渊。

培养孩子在经历中体悟世事，而不是光有枯燥的教诲！道理往往是别人的，教给他的记忆不深，亲自体验并悟到的终生难忘！这里边就体现了行动的重要性，时时有事做，处处存道理。体悟自我，体悟世事，体悟人生！智慧是发自内心的，不是被人带着走的。能从没有办法中想出办法来，从没有路的地方找出路来，这样的智慧才是自己的。

通常人们遇事想到的是先问别人，沿着别人的指导，规划自己的行为。其实向别人寻求办法是有弊端的，因为在这个世上没有任何人，能比自己更了解经历中的事实。懂得向别人请教是好事，但一定要会结合自己的体验、体悟后得出结论。注重孩子从自悟中沉淀出自己独特的思想来，自己思想里的宝藏是无限的，外在的有形的东西是有限的，有智慧的人都不会局限其中，而是看重自身最根本的、最无限的智慧。

努力是收获的前提，收获不是努力的必然结果，关键在于其努力过程，是不是重其根本。通常人们只相信看得见摸得着，享受得到的具体东西。这只是努力付出的一个方面，要想把握好方向，就得靠悟出更深一层看不见摸不着的，而又是存在于根基里的智慧。光一味地想把孩子培养好，却找不准方位，往往是白努力。求木长则固其根。

例如：有个刚上高中的男孩，有一天早上，他妈妈发现儿子抽烟，气得边骂孩子不学好，边抡起皮带打孩子。这样还不解气，她又打电话把正在外面晨跑的丈夫叫回来，希望丈夫也能像她一样对孩子严加管教一番。这位父亲看打也打了，骂也骂了，就没再火上浇油，只是说："儿子知道错了，就给妈妈道个歉，向妈妈保证以后再也不抽了。"儿子按父亲要求的做了。可她还是不依不饶，埋怨丈夫不严加管教，唱红脸、落好人。做父亲的说："总不能你打完了，我再打吧？"两口子因此又吵。当有人问起："你们知道儿子为什么抽烟吗？"父母都张口结舌，因为他们根本就不知道。

这是家庭教育的悲哀，孩子会真的知道错了，还是会伤口上撒盐——痛上加痛？高中生已经是青年人了，他应该有自己的独立思想，有自己的独立人格，甚至应该有自己的生活圈子。水有源，木有根，事总有个因。为什么不去了解一下，孩子为啥抽烟？是不是遇上解决不了的事了？需要爸爸妈妈帮忙吗？或者告诫孩子抽烟有害健康，不要学坏习惯。

每个孩子都是父母的一个作品，不要只单纯地去怪孩子，父母需要学会从自己身上找原因，解铃还需系铃人。故事里的这位母亲是位小学老师，应该说管教孩子，比一般的父母积极些。但方法不合适的话，盲目管教的结果，可能还不如不积极的家长。

孩子的声音

其实，教给孩子什么，都不如教给孩子独立。

这里的独立，不仅仅是指独立生活，自己照顾自己的起居这么简单。这里的独立，指的是独立思考、独立安排自己的生活、独立做计划，等等。当一个孩子可以自己思考、自己进化，可以沿着你给他指向的正直、善良和美好的道路独立行走，可以安排自己的人生、给自己做计划时，作为一个家长的责任，差不多就已经是尽到了。那时候，您真的可以看着自己的孩子，骄傲地说上一句“长大了”。

爱自己的孩子，绝不是捧在手里怕摔着、含在嘴里怕化了，而是教给孩子本领，把孩子人生的根基打牢固。动物界的父母们教育自己的孩子，都是教给它捕猎的本领，教给它独立生存的本领。这是为了让自己的孩子更好地生存，这是野兽们的“家庭教育”。人类也是一样，家长们对孩子的教育，也应该是教给他更好地生存的本领。这种本事，不是捕猎，不是如何在野外生存，而是怎样在人类社会中生存，如何安排好自己的生活，如何完成自我的进化。

家长们永远无法看着孩子的一切。无论他从网络上、电视上摄取了什么思想，或是他受到了老师、同学、社会人士的什么影响，这都是家长们所不可控制的因素。家长们最应该做的，不是看住孩子与外界交流的一切通道，而是教给孩子如何交流，教给孩子如何取舍网络上的信息，如何听取他人的建议，如何独立地做出抉择。这，才是真正的人生的根。

家长们带给孩子的，除了经济财富、社会关系，更重要的是要带给孩子一个扎实的根基。让孩子从小就学会独立思考，学会独立做决断，学会“如何成长”。当一个孩子的心中扎好了如何前行的根，您还需要担心他的成长吗?

当一个孩子的心中扎好了善的根，您还需要担心孩子的人格吗? 当一个孩子的心中扎好了正直的根，您还需要担心孩子的人生吗?

根扎好了，树木即便有再多不同的形状，也都不会被狂风暴雨刮走，不会折断在人生的路途中。

第十四课的思考题

能从没有办法中想出办法来，能从没路的地方找出路来，这样的智慧才是自己的。谈谈你对此的认识，并写个小故事说明。

第十五课

以不变应万变

做任何事情，都不会是一成不变的，家教更是如此。只要用心去做，什么方式方法无关紧要。只要适合自己的孩子，能让他成长得更好，更优秀。如果不用心，只按照别人规划的套路去做，付出得再多，也往往很难取得好的效果。因为别人的规划里缺少你的实际情况。一种教育模式不能用来针对所有的孩子，针对一个孩子也不能只用一种模式。要以不变应万变，要学会采用灵活的应变教育。

我在《扬起生命的帆》一书的“扎实与变通”一课中写到过，做人做事要具备扎实摇不动的根基，然后努力付出才能看得见摸得着成功。以有限征服无限的途中，变化再多都在自己的掌控之中。对孩子无责任心的人，常常会感到比别的家长短半截，东张西望没有主见。有责任心的家长，会觉得比别人有主见，遇事处理得也好，学来的东西善于变成自己的。还有的家长不敢这样、不敢那样，缩手缩脚不一定就是平安的。我认识一位老师，一辈子都是模范教师，但自己的两个儿子长大后，都很不孝顺，常常对她大呼小叫，只知道从她那里索取，还从态度上不尊重她。就是因为她平时管教孩子太软弱、太娇惯，而且不懂得应变教育所致。也就是说，我们对孩子的疼爱，要建立在一定原则上，当孩子的态度与行为违背了原则的时候，你对他的疼爱与教育也要对症应变。不然他会反过来欺负你的。所以，做家长的一定在家教方面，多学习多体悟，使自己拥有丰富的思想，具备针对孩子各种变化的应变教育能力。在任何时候、任何情况下，都能有气场压得住他，能有智慧调教他、引领他。

智者，并不是捧着书本不放的人，自悟才能使心得体会沉淀出自己的独特智慧。如果一味迷信书本，执着于别人所写，永远找不到适合自己的东西。那么，也就不懂得怎样是以不变应万变，即万变不离其宗。

大部分事物都有利弊两面性，有时觉得成全了这方面，又不利于另一方面，这个时候是最需要智慧的。两利相权取其重，两害相权取其轻。只要家长的思想、家教知识丰富，自身能做到正己化人，就放胆地去做。不要给自己设下各种框框，或找各种理由。

其实，我觉得家庭教育简单得就像一二三四五，陪同孩子随时随地学习，不被任何事物束缚。把劳动看成是最尊贵的修行，大人孩子一起在劳动中获取知识、获取成果。共同拥有一颗不变的虔诚心，一起在求真务实的行动中寻求智慧，在不变与多变中成长自己。属于自己的受之无愧，不是自己的拱手让人。乐于布施，善的性情不变，处事的方法可多变。一切随缘不攀缘，凡事站稳了脚跟，才能做到以不变应万变。用理智的头脑和智慧的双眼，做孩子的向导，让孩子在快乐中成长！而不是拥有太多的压力与负担。

人生在世事难全，冷静处之应万变。任你掀起千层浪，情若寂静心自安。变的是形，不变的是心；变的是外，不变的是内。追求无限，在万变中存不变。

例如：在我儿子上中学时，有一个星期天的上午，我请孩子小学时的老师来家里吃饺子。这位老师已经退休几年，在家里带孙女。曾经在教育战线上工作了一辈子的她，常常向我抱怨，一些家务事累得她退休了，还不如上班时过得快乐。

我正忙着在厨房包饺子，客厅沙发上的手机响了，正坐在沙发上聚精会神看电视的儿子，喊了声：“妈，接电话。”我急忙出来接电话。可是我需要绕茶几一圈去拿手机，非常不方便，我就说：“邹森，把手机递给我。”他看电视正起劲，不耐烦地说了声：“你自己拿。”我很严肃地说了声：“你再说一遍。”儿子看着我，急忙往里伸伸手把手机拿起来，并用双手捧着递给我说：“给您妈妈，给您。”表情里带着默认犯错的歉意。

就这么一个不经意的小动作，让这位老师目睹了，她说：“我知道我儿子为什么总是冲我急了。原来你给孩子立这么大的规矩啊！刚才这件事如果换成是我，我会绕过去拿手机，不敢惊动他看电视。我在孩子面前太软弱，太娇惯他们了。”

还有平时，她总是把饭做好放在桌上，筷子拿好让孩子吃饭，衣服洗好放床边孩子才穿等。这样不但孩子会缺少生活能力，而且他没有对错观念。你为他做得越多，他越不满足，甚至他会觉得，你为他做什么都是应该的。以后他到了社会上，也往往会处处碰壁，干什么都没有自信，因为他过惯了衣来伸手、饭来张口的生活。

这样的爱，反而变成了害。

人性的变化有无限种可能，这也正是显示着教育的重要性。无论在孩子成长的哪个阶段里，无论他有怎么样的变化，我们做家长的都要随时注意应变教育的能力，以不变的心应变各个方面的教育。

孩子的声音

前文曾经说过，人生是以有限征服无限。无限的是人生的坎坷纷乱，有限的是人类的智慧和精力。人生也是以不变应万变，变的是路途的高低起伏，不变的是自己那颗旷达的心。

“变的是问题，不变的是能力”。我在上高中学数学的时候，对这句话感触最深。当时的数学老师曾经对我们说过这样一句话:“题是永远做不完的，但公式就那么几个。”是啊，题是永远做不完的，但题型就那么几个。我们在生活中也是如此，矛盾是永远都解决不完的，但是不变的素养就那么多。科学的精神，对智慧的追求，信仰美好，保持善良，坚守正义……人生的问题再多，也超不出这些素养所触及的范围。

因为，这些素养本身就是人类的先贤们在社会实践中思考得来的“公式”，靠着这些公式，我们就能解开人生的难题。人类最强大的能力，就是对于知识的传承。这些东西，看上去像是泛泛之言，像是大路边上的老生常谈，但其实这都是人类文明的结晶，是传承下来的“人生公式”。

家长们应当教给自己的孩子这些“不变”的东西，而不是一些“变”的东西。钱财会流逝，权势会不稳定，社会地位会起伏，但是，只要拥有这些不变的能力，就不需要畏惧人生的起起落落。当你有一颗正直的心，你就不会面对黑暗和挫折时畏畏缩缩，因为你的心中早有觉悟；当你有一颗智慧的心，你就不会面对矛盾和困难时抓耳挠腮，因为你早已胸有成竹。

我和我的母亲写这样一本书，不是为了把这些“公式”、这些道理再给家长们阐述一遍，而是希望家长们明白，这些东西，才是您能教给孩子的最宝贵的财富。

第十五课的思考题

一种教育模式不能用来针对所有的孩子，针对一个孩子也不能只用一种模式。要以不变应万变，要会采用灵活的应变教育，这些只有家庭教育能做到，校园教育是做不到的。请讲个故事写一写类似的经历。

第十六课

爱之深，责之切

爱是这个世界上最伟大的砝码，爱的力量能感化一切！家长们不但用爱心养育了孩子，拥有爱心更是教育的前提。但要记住：爱之深，责之切。

一定要让孩子懂得“忠言逆耳”，不能养成在家人的一贯宠爱下，听不得半句意见或责备的习惯。我们大人要表现给孩子看，听到相反的意见和责备时，只要对自己的行为有利的言语，哪怕是话说得重了点，也要虚心接受并诚恳地说声谢谢，谢谢对方帮助我们进步，谢谢大家帮我们完善了自己的不足之处。让孩子随时随地能看到，大人是怎样对待不顺耳的话，那么他自然而然地也就养成了，该怎样对待大人的不同意见和责备的习惯。为什么现在的孩子心浮气躁，有逆反心，和大人有代沟？我认为是家长没有把握好爱与责备的天平。责备是更深一层的爱，它能成就孩子。而失去原则的爱就是害。

人一般是很难发现自己的缺点的，总是喜欢去挑剔别人，你看你怎样怎样，造成了我怎样怎样。这就是形成一切矛盾的根源。“行有不得，反求诸己。”每一个人都应该懂得，发生在“我”身边的事都与“我”有关，“我”是一切的根源。欲求改变别人，先从改变自己开始做起。陪孩子一起战胜自己，看淡所有没有道理的伤害，虚心接受不同的意见与责备，并乐于自我检讨。每星期或每个月都规定一天自我检讨日，在这一天要像丢垃圾一样，把自身的过失和缺点都丢出去。

人之所以会产生烦恼，是因为你对身边的人和事的要求，达不到你的满意。人总是愿意听好话，东西也都想要好的，说白了就是因为外求欲望重。要知道人真正的快乐，不是来自外在的人和事，而是在自己的内心。想要让自己的内心永远充满快乐，就要学会凡事尽量多向内求，懂得审视自己、找自己的原因，求自己内在的智慧。用智慧的双眼，正确善良的态度，看待身边所有的人和事。把发生在自己身边的每一件事，甚至吃饭、穿衣、油盐酱醋的事，都做精致做艺术。由此获得精神上的快乐。其实，如果你真的能使自己做到这样，你根本没有时间烦恼，也没有人能够让你烦恼。

爱孩子不能不让他干活，相反，培养他是要让他长更多的本事。有责任心本身就是好的资本，不会有人愿意伤害有责任心的人。特殊事情例外，比方遇上变态或无赖的人，遇上了就是一种磨炼。如果懂得向内求，遇上的磨炼越多，人的成长就越快。任何情况下都少些抱怨，走不出逆境时，用快乐的心态感谢老天爷，这么看得起我，给了我这么长时间的磨炼机会。走出逆境时，会珍惜一切！注意尽量少消耗福报，多与人分享。时刻以正确的态度面对生活，珍惜一切能让我们成长的机会，哪怕是责备的言语过重，也把它看成是“爱之深，责之切”。

例如：曾经有位老师和我讲过这样一个故事——

她当班主任的时候，班里面有一个孩子，成绩还不错，也挺听话的，不违纪不捣蛋。可他就是爱玩游戏，老师们都说，这孩子要是少玩点游戏多学点习，成绩能在班里拔尖。

这孩子的家长把这话听心里了。他们没收了孩子的手机、电脑，断了他的网，每天回到家就盯着他学习，保证夫妻二人一定有一个人站在他眼前。孩子去学校了，家长也不放心，经常跑到学校里偷窥孩子，在教室后门偷偷看孩子有没有在学习。

这是望子成龙，爱之深责之切了。但是却因为太过激，竟起到了反作用。这孩子压力越积越大，忽然有一天学校也不去了，书也不读了，就躺在床上不动弹。他爸妈打他、骂他、给他说好话，都不管用，这孩子中了邪一样，就是不学习。爸妈、老师轮番做他的思想工作，问他想要什么、想干什么，这孩子也不说话。最后，家长甚至带着他上北京、上海去看心理医生。到最后，这孩子也没回学校参加高考，老师也不知道他最终怎么样了。

爱之深，责之切。教育孩子其实就像引水一样。你说，你能用手抓住水，让它往这往那？不可能的。你要有科学的意识，给水修建水渠，通过重力、惯性来引导水的流向。孩子当然应该被管教，但是，还是要讲方法、讲道理的。否则，他就理解不了家长的“爱之深，责之切”。

孩子的声音

在过去的这些课里，我从孩子的角度给家长们提了很多建议。有的建议也许能让您眼前一亮，有的建议也许会让您嗤之以鼻。也许有的家长会有些不高兴，觉得我总是在给家长们提建议，好像家长们不能这样、不能这样，令人不愉快。

我前边也说过了，孩子本身就是不大讲理的。家长们要容忍、接纳，然后才是教育。如果家长们不容忍、不接纳，那么很容易在孩子很小的时候就留下心理阴影，最终对他的性格造成长久的影响。家长们对孩子的责骂、纠正、指责，都是天经地义的事。我只是反复地说，如果您的孩子还小，那么最好请您保持巨大的耐心，去教育他、引导他，而不是直接责备他。

爱之深，责之切。责备的前提是爱，而不是看您的心情。家长们对自己的孩子，肯定都抱有很大的期望。这些期望，是人世间最美好的东西，孩子们可能不能理解，但等到他们长大了，也一定能理解。出于这些期望，家长们会很害怕自己的孩子长歪了、长偏了，这种心情更是一件可以理解的事。吃亏要趁早，您骂他总好过他到了社会上别人骂他。不能理解的是家长拿孩子撒气，而不是责备本身。

其实，家长们可以想一想，您的期望是什么？您的期望是让孩子成功、光宗耀祖，还是让孩子健康、独立、拥有一个强大的人格？书看到这里，如果您还能堂而皇之地说出，我生孩子就是为了让他光宗耀祖的，那么我想我也没什么话好说了。

出于爱的责备，是我们认可的事情——虽然我也在强调，责备要讲究方法。而出于自己私欲而伤害孩子的行为，无论是再怎么冠冕堂皇地说是为了孩子好，但最终还是把孩子当做提升自己生活品质的工具。这样的心理，这样的行为，我并不认可。

第十六课的思考题

忠言逆耳，良药苦口。但能听得进去忠言，才会使自己成长得快，能喝进去苦药才能治病。你陪孩子一起做到了吗？请写出来。

第十七课

哲 学

哲学：世间万物的原理与心灵和一，并能够结合实际，从思想上做出独特的理论思维贡献。

记得儿子上初三那年，一天早饭时，他问我："妈妈，什么是哲学？"我随口答了句"哲学就是勇于奋斗敢于创新的人，在经历后总结的最经典的理论"。他说："哲学就是一个人在一个黑屋子里捉一只黑猫。"说完他放下筷子上学走了，我呆在那里想了半天没去洗碗。

通常人们都是用眼睛观察世界，只相信看到的事实。其实眼睛只能看到表面现象，有很多我们看不到的地方。因此，要想让眼界开阔，就不要只拘泥于自己所见过的，要凭着悟性，悟到我们看不见、又必将存在、或已经存在着的。懂得用自己的头脑理性分辨真假。一般我们能用眼睛看到的，都是简单的，是所有人也都能看得到的。而我们凭着悟性悟到的，才是不可思议的智慧。它是思想开拓与真实沉淀的总结，也是富有跨越性理论浓缩的精华。希望家长们都能够通过学习并结合实际行动，使自己能够做到用哲学的思想头脑来对待家庭教育。不只相信我们看见的孩子的优点或缺点，更要去体察、去体悟，表面上看不到的，值得我们去挖掘的孩子的思想宝藏。不是只懂得从专家讲座上学，或从书本里看，更要用心地去做、去想、去分析，从而找到自己的最佳方案。当然，这需要用知识与经验来武装头脑，将丰富的理论思想进行不厌其烦地实践，才能得出最经典的精华。

哲学就是理想中的道理，道理虽然看不见、摸不着，但却被广泛应用，而且真实存在。做与理论结合的实践，就能在黑屋子里抓住黑猫，就能在没路的地方走出路来。理论是实践的前提，实践是理论的验证。不断将实践中不切实际的论点修正过来去充实理论，再用完善了的理论指导今后的实践。在理论与实践的多次互补互进中，人的智慧才会增倍成长。不只是家庭教育，做任何事情都不外乎如此。凡事能做到有超越性的，在平凡中不平凡的、寻常中不寻常的，都是有一定的哲理在里面。就像毛泽东带领红军过草地时，缺吃少穿，草地里还常有泥潭，随时都有生命危险。那种情景真是糟透了。但他却每日里带领大家唱歌，讲笑话，苦中作乐。这就是太有哲学思想了，平时多要求自己做别人做不到的事，而不是浅薄地跟人后面循规蹈矩。我们应看到伟人的思想，把它付诸于行动，学习其不凡之处。不能是看了白看，知道了就过去了，或是说“人家是伟人，我们是凡人，怎么能做到呢”。

认识自我，释放自我，超越自我，在此基础上，用知识与实践来武装头脑，使自己拥有哲学的思想，勇于创新，做一个智慧家长。有很多东西，本来是早就拥有的，但往往是因为知道而没去重视，当别人提醒后，才认识到这其中的价值。能做大事，有哲学思想的人，是伟大的。但能将小事做到极致完美，拥有哲学思想，也是伟大的。

例如：国家所倡导的一带一路政策，不但会使国内的经济搞活，甚至会拉动很多国家乃至世界的经济搞活。这是多么英明、多么有魄力的政策，给国民经济提供了多么好的大环境啊！这就是丰富的哲学理论思想。但是国家需要有更多的实体经济，有更多过硬的品牌，来对接服务一带一路。否则，就像一个企业揽下了再好的业务，生产不出更多好的产品，岂不是太大的遗憾了吗！

我们国家自建国以来，从以阶级斗争为纲到改革开放，六十多年经历见证了国力发展之迅速，也有随之而来的负面影响，那就是严重的经济泡沫，以及人们思想中的浮躁、拜金主义等。这也是我要下决心，从做产业转型到做家庭教育上来的一个主要原因。

人类一代一代的思想传承，在不断进化的过程中需要沉淀、净化，注重生命根基里的养分。万事万物都是以人为本。只有思想不断地转化、完善，才能够有更正确的行动，才能够有更多坚毅强大的精神，去完成历史发展中的使命。换句话说，家庭教育的文化市场做好了，人的思想扎根了，便是为做好产业市场打下了坚实的基础平台。

我们做事业，以及教育我们的孩子今后做事业，都要紧密联系到国家政策上来，助推和成就大环境的光环，利国利民自然会利己。

孩子的声音

哲学是漫无目的的思考。

事实上，自古以来给哲学下定义的人数不胜数，我是没有胆量敢给哲学妄下定义的。我之所以说哲学是漫无目的的思考，是为了给家长们讲述这样一件事——

如果您的孩子开始胡思乱想，不要觉得他年纪小，否定他的思考，也许那就是他迈向深沉的第一步。

早在古希腊的时代，哲学就已经出现了。那时候的古希腊人思考的最多的问题是“世界是什么”。有的哲学家说世界是由水构成的，有的哲学家说是由气、火、光构成的；有的哲学家说世界是按照神的旨意运行的，有的哲学家说是按照数学运行的；有的哲学家说世界是平的，有的哲学家说世界像一个木板，建立在一片大海上……后来，我们知道了物质是由原子构成的，地球是个球体，太阳比地球大得多的多，宇宙一直在不断膨胀。当我们对着黑洞兴叹的时候，我们是否会想到，这一切的来源，是那一句“世界是由水构成的”这样“荒谬而无根据”的猜想?

哲学是漫无目的的思考。如果有一天您发现，您的孩子开始了一些奇妙的胡思乱想——亲情是什么，友谊是什么，爱情是什么——请您不要打断他的思维。请您不要觉得“小小的孩子瞎想些什么”，要知道，伟大的哲学最初可能都是您眼中的“瞎想”。

要给孩子瞎想的勇气，无论他是在思考人生，还是在思考爱情，不要给您的孩子定义思维的禁忌。我们已经不是生活在古代的人了，无论您的孩子思考些什么，都不会像中世纪的“异教徒”一样被送上火刑架。理解您的孩子，要知道，“思考”这个行为可没有什么年龄的限制。

非但不要给您的孩子定义思维的禁忌，不要告诉孩子“别胡思乱想”，您反倒应该引导孩子的胡思乱想。当孩子像古代的哲学家一样思考世界的本质时，还有比这更好的机会去教给孩子物理学吗？当孩子思考感情本身时，还有比这更好的机会去引导孩子的情感观念吗?

小孩子，不是一个只知道吃喝玩乐的小兽。您永远也不会知道，您的孩子究竟何时会开始他思考人生、思考世界的旅程。请相信我，您应该做的，是当孩子产生疑惑时，去为他解惑。在解惑的过程中，您既收获了孩子的崇拜和亲近，又引导了孩子的世界观，何乐而不为呢?

第十七课的思考题

佛家的《金刚经》中说：“凡所有相，皆是虚妄。”“若见诸相非相，即见如来。”追求诸相非相，就是哲学思想。谈谈你的认识，请写出来。

第十八课

修养与修行

修行，就是将我们对宇宙人生的错误看法、想法、说法、做法加以修正，达到觉而不迷、正而不邪、净而不染。修养是内，修行是外，修养修其心，修行修其为。“心胸装天地，三界在眼中，能奉行五戒。”人的修养与修行，能达到这种境界的人，实属难得，也是最高的修养与修行。

人都在因果报应中轮回，时间的长短，功过祸福的大小，都是有定律的。你可以将因果看透、看淡、看轻，但谁都无法逃出它的掌控，必须承认它的存在。

一个人，不管他是身居高位，还是凡夫俗子，只要活得没有担当，逃避责任，妄想跳出因果之外，他迟早会受到失败的惩罚。无论做什么，老想着索取，不想付出的人，即便是得到了也是罪，不是福。如果做错了事情，没有胆识承担责任，而是躲在责任之外的人，也是在给自己罪上加罪。

襟怀坦荡的人，敢于担当起责任，努力改变自己，并以此求得问题的解决，这才是真正懂得修行的人，自然会因缘成熟得早，成事也快。有智能的人他满身是宝，要什么知识，心中就会有什么知识。这样的人，才是真正富有的人，真正快乐的人。

同样的人，同样的事，同样的问题，在有修养、有修行、有智能的人那里，不但会解决得万事圆润，而且会通过经万事使自己的能力得到更好的提升。我们做人都应该往这方面学习进步，修养修行！

首先，人要重其修心，看事物不要光看表面，同样看人也要看其心。自己的内心世界是什么样子，只有自己清楚，往往有些事骗得了别人，却骗不了自己。一个人做错了事的时候，如果认识到错了，便大胆地说出来，在别人的监督下改好，心里会觉得特别踏实。别人也不会因此嫌弃你，还有可能表扬你。相反，如果一个人做错了事，为了不让别人知道自己的错，千方百计地用更虚伪的多面来掩盖住错的一面，这样不但别人觉得你不诚实，你自己也会因此内心焦虑不安，活得一点都不快乐！所以，人要修其行，先修其心。让心里干干净净，走遍天下都不怕。心底无私天地宽嘛！

有句话说："有镜常照自家面，不如常照自心田，心有善念相自好，擦粉涂红都枉然。"我们心里的眼睛就是镜子，常常照看一下心里有没有污垢，有的话早早清理干净。这样会相貌好的，擦脂抹粉都比不上。修养还是最好的美容产品。

再谈修其行，就是凡事要摸索道理，把事情的根源找出来，探个究竟，参透明白，才知道怎样处理，哪些事能做，哪些事不能做。否则，看事不过是走马观花，见识讲得再多，也如同没见识一样。另外，修行的人具有博大的胸襟，能容进去好多事，眼界才会变宽变大，才可以站在更高的角度上看待问题，站得高了看得远，也看得全面。只有把问题的全貌看清楚了，才能够找到正确的角度入手，使问题更容易得到很好的解决。祝愿天下所有的父母，都会成为重修养与修行的人。

例如：我认识一位道家老师父，可称得上是仙风道骨，七八十岁了，行如风，声如钢。师父修行多年，凡是他住过的道观，准会因他的存在而让寺院焕然一新。无论是祖先神像的供养，还是寺院大环境的改善，师父都亲力亲为，他还亲自修建了一所太公苑。

那么，师父的收入从哪里来呢？传播道家文化，用多年修炼的功法，为众人消灾避难等，并教化众生积德行善。因此，有很多人回馈师父的帮助。我经常听师父讲道，也是个受益者，我能放弃多年的产业，转型做家庭教育，也有师父点化和鼓励的原因。

所以，我觉得人修行真好。无论是道家文化，还是佛家文化，都是很好的教育思想。不只是住在寺院里的人懂得修行，我们平凡的人在哪都一样可以修行，修掉不好的行为，修来阳光的自己。

另外，我还认识一位有大德行的尊者，萍水相逢。在我做生意时，就无私地从资金上帮助我，上百万元的钱没要过抵押。后来我因种种原因破产了，往做家庭教育转型，需要时间和过程，还是很艰难。他顶着很大的压力，以及朋友家人的怨气，从没有对我逼过债或施压。这得有多大的胸怀和修养啊！多大的忍耐和信任啊！为了报答所有无私帮助过我的人，我发誓，一定要把家庭教育事业做好！

孩子的声音

每一个家长都希望自己的孩子成为有修养的人，希望自己的孩子彬彬有礼、落落大方，遇事不卑不亢。究竟怎样的教育，才能让孩子成为一个有素质有修养的人呢？我认为，关键在于审美和自控能力上。

所谓审美，就是让孩子有一种意识，什么样的行为是优雅的，什么样的行为是粗鄙的，什么样的行为是对的，什么样的行为是错的。说话沉着冷静是好的，动不动就猴急是不好的；有礼貌是好的，没礼貌是不好的。只有让孩子有了这种审美意识，孩子才会在长期的生活中自觉地修正自己的行为，自觉地向他认为优雅、美好的东西靠拢，逐渐变成一个有修养有素质的人。

所谓自控能力，就是对自己情绪的控制力。我们在生活中经常会遇到一些无意义的争吵，比如不小心的碰撞、故意的找茬、令人不愉快的言语。这时候，很多人都会选择情绪上进行应激反应，进入争执、吵闹，甚至打架斗殴。显然这样的行为是不够优雅的。正确的行为应该是怎样的呢？正确的行为，应该是抱着一个“解决问题”的态度。开车的时候剐蹭了，正确的行为应该是找交警定责、找保险公司理赔，双方争吵有助于解决问题吗？显然没有。时刻牢记自己的目的是什么，目的是为了和对方吵架吗？不，目的是“解决问题”。吵架，只是因为双方情绪的对立应激而已。只有有着一个解决问题的态度，才能控制住自己的情绪，进而才能做到有素质、有修养。

修养与修行的关系，在我看来是结果和过程的关系。修养是结果，修行是过程。修行就是提高自己的审美意识，提升自己的情绪控制力，进而在纷繁的事件中做到彬彬有礼、沉着冷静、不卑不亢。

修行的目的有很多，我们不为得道成仙，只为在此世活得自在。孔子说“从心所欲不逾矩”，只因为所有的边界都已经内化成了自己的修养。

其实，如何让孩子变得有修养，最关键的还是在于家长们的以身作则。我斗胆请各位家长反思一下，各位有没有过在家里向孩子发泄情绪的行为？孩子犯了错，本来不是原则性的大错，但因为家长们在工作上、生活上遇到了不顺心的事，反过来把愤怒的情绪用在惩罚孩子上。给孩子的身心造成伤害不说，这样是不是树立了一个坏的榜样？家长们在教育孩子的时候如果没有做到控制情绪，那么教育出来的孩子，我想也是缺乏控制情绪的能力的。

在如何让孩子变得有修养，如何让孩子更好地修行这件事上，家长们也是在进行一场修行的。孩子会叛逆、不听话、不懂事，会惹家长心烦，这时候，家长们能不能拿出来超然的修养，拿出解决问题的态度呢？我们是第一次做“孩子”，各位又何尝不是第一次做“家长”呢。孩子们需要修行，家长们也需要修行啊。

第十八课的思考题

修养与修行不但会使人性散发光辉，而且还是最好的美容产品，不信你试试！请谈谈自己对修养与修行的看法，写下来。

第十九课

法律与天律

宇宙万物不存在迷信！一切现象都是它本来面目的显现。我从不被所谓的运气左右，但我相信因果定律，任何事情的发生，都有其必然的原因。

法律是人制定的，也是由人来使用的，用来约束和制裁人的行为。但如果执法者不公正严明，贪婪私欲、歪曲事实、偏袒人情，那么，法律制裁的不一定都是坏人，冤假错案害死人。执法者光公正严明还不够，没有智慧，问题只看表面，不能够洞察问题的根源，也容易造成冤假错案的发生。所以，执法者造成冤假错案有两种情况——故意和无意，也即品质问题与智能问题。

在当前的社会里，金钱的价值似乎大于一切！这是个很危险的信号。如果人追求金钱的欲望，大于重德行品质的积累，毁掉了生命根基里的养分，一切都将混乱不堪。因为法律外面有天律，天律这本账比法律记得细，生生世世谁都逃脱不掉。不然，如天地之间没有了正气，人类也就没有良性循环，那么，一切都将走向死亡。善则善报，恶则恶报，时间的长短、福祸的大小而已。人莫要小看了天律的公正严明，即使在暗地里作孽的人，也无法逃脱轮回中的报应。天律没有私情，没有冤假错案，更没有故意和无意。人只有尊重珍贵的生命，尊重人性里品德的修养，尊重天地间的自然规律，一切的美好都将永世长存。

在天律的因果轮回中，福报与功德不一样！福报会消耗掉，只有一时之用，功德消耗不了，有多世之用。福报看得见，让人感觉舒服，间接为心灵服务；但福报容易消耗人的功德。功德往往看不见，但能直接为心灵服务。所以，圣人只求功德，不求福报。“福”字是一件衣服，一口田，告诉人们够吃够穿就是福，再多了就是罪，幸福是种感觉，不是物质。幸福是拥有一颗安详的心，时时刻刻面带笑容。物质换来的幸福是短暂的，这种幸福易化作亢奋，继而觉得自己拥有什么都不幸福！即使百万富翁也有空虚自杀者。因为幸福来自内心，不来自外物。心灵才是根本，是万物之根，功德直接影响着心灵快乐中的养分。人的苦都是因为欲望太大，不懂得珍惜生命，不懂得做人的机会。修心才能够不断完善自我，知道了这个方法就要身体力行，认真去做，一切都会好起来的。

万物万事的好坏都是有所平衡的，再坏的事也能看到好的一面、有希望的一面，都要寻根问个为什么。找到因果就是觉悟，就能明心见性。有果必有因，少有顺境成大事者，所谓“不磨不成器”。圣人都把磨难当老师，主动迎接锻炼心志。“祸兮福之所倚，福兮祸之所伏。”灾难练就能力。

付出不要认为单是给别人做好事，其实，同时也是给自己积累功德，功德能多世之用，比银行的存款管用多了。懂得法律外面有天律的人，定会好自为之。

例如：我认识一位卖牛肉的大姐，她家卖了几十年的牛肉，起早贪黑勤勤恳恳，正儿八经的生意人，挣的也是一份辛苦钱。

前几年在她家不远处，也开了家卖牛肉的店，短时间内生意火爆。显然大姐家的客户走了不少。有人告诉大姐说：“你们家的牛肉太贵了，人家的价格低。”大姐就托人打听是怎么回事。因为她挣的是份良心钱，再低了没有利润养不住店啊！通过了解后才知道，人家是卖的假牛肉，成本很低。这位大姐为了留住客户，也进了些假牛肉，从此她卖的牛肉里有货真价实的好牛肉，也有和人家一样的假牛肉。

可是大姐只卖了两个月，就被抓进了看守所，说是在打击卖假货。后来大姐被罚了款。出来后她了解到，那家卖假货时间长的店没事，只是关了两个月的门，听说人家有后台，“运动”过去了照样又开始卖。

那家卖假牛肉的，一两年下来家里就发了，好车好房好吃好穿的，人前人后显阔气。可是前不久，他家孩子出车祸了，自己还落下了终生残疾，他们家也因此事打官司，损失惨重，最后不得不把店关了。

所以说，法律制裁不着的人，一定会有天律等着。人一定不要存侥幸心理。老老实实做人，勤勤恳恳做事，多利于别人，奉献社会，力争德配天地。

孩子的声音

家长应该在孩子童年时，为他建立起足够明确的对错观。

法律，规定着我们的一言一行，规范着我们的日常生活。但是法律显然也有着不尽然有效的地方，很多事例我们都说，是“尽到了法律，没有尽到道德”。在法律之外，仍然有着许多“回旋”的余地，甚至就连法律本身也有着一些漏洞和空子。面对这些空子，我们如何才能控制自己，如何才能掌舵自己，做出正确的选择？这，其实就来源于童年时期的对错观。

法律之外，更有天律。那么，何为天律？所谓“天心自我民心，天听自我民听”，天律，其实就是民心所向。比如，在封建社会时期，女子贞洁守节是民心所向；而现代社会，自由恋爱自由婚配才是民心所向，可见天律有其可变之处。再比如，在封建社会，爱国报国是民心所向，万人敬仰；而现代社会，爱国报国依旧是民心所向，万人敬仰，可见天律有其不变之处。

家长们教育孩子，这些对错观的传授，应当抓紧不变之处，把握可变之处。正义、同情、怜悯、光明磊落、智慧、信守承诺，诸如此类，都是不可变的，家长们应该教导孩子，让孩子对这些“不变”有一个根深蒂固的信仰，即便将来遇到挫折和诱惑，也能够坚守“不变”。而自由、独立，诸如此类，都是视个人角色、处境而不断变化的，没有绝对的自由、绝对的独立。在这方面，家长们应该教导孩子，引导孩子对这些变化的“律法”有自己的思考。家长们可以向他阐述自己的观念，但不应强求孩子与自己一致。

对错教育，最讲究言传身教。如果家长们总是不避讳孩子地谈论找关系、走后门，孩子恐怕是学不会刚直不阿的。如果家长们对于小偷小摸、占人便宜感到沾沾自喜，孩子恐怕也会形成一个贪财、小气的人格。实际上，教育孩子的过程，家长们也在进步。如果家长们希望自己的孩子有明辨是非的能力，那么至少在是非问题上，自己不应该做出坏的榜样。

法律，规定着我们不应该做什么，但是天律，却可以告诉我们应该做什么。根植于童年时期的对错教育，对于孩子来说，就像是给小树埋下了天律的根。他会知道什么是永远正确的，也会知道什么是需要思考的。这种深深扎下的根，将影响一个孩子的一生，成为他最宝贵的财富。

第十九课的思考题

如果人追求金钱的欲望，大于重德行品质的积累，毁掉了生命根基里的养分，一切都将会混乱不堪。请写一写你对此的认识。

第二十课

积善之家，必有余庆

古人云："非读书，不能入圣贤之域。非积德，不能生聪慧之儿。"意思是说："不读书，便不能进入圣贤的领域。不做好事，便不能生育聪明的儿女。"

人们常说："善有善报，恶有恶报，不愁不报，时辰未到。"生活就是如此简单，付出什么，收获什么。我们要想有聪慧、健康、端庄的子孙后代，就一定别忘了积德行善。做好事对别人好，对自己有更大的好处，何乐而不为呢?为眼前利益做坏事，损害了别人，而自己也会留下更大的罪业，甚至连累了子孙后代。那样的人就是太傻了，太不划算了。

人来到这个世上就是修心来了，把以往存在自身的不好修掉，输入好的东西。日复一日这样增进，不但能使自己幸福，还可以使子孙兴旺，这才是世上最有智慧的人。做个好人太重要了，能使家族世代兴旺发达、福寿安康，远离横祸灾难，远离愚昧无知。

易经上说“积善之家，必有余庆”，这是至理名言。孔子也曾称赞舜之大孝说：“舜必能流芳万世，子孙兴旺。”历史上有很多例子，举不胜举，皆因祖上积下阴德，而使后代兴旺发达，荣华富贵。太上感应篇里说：“福祸无门，惟人自召；善恶之报，如影随形。”“夫心起于善，善虽未为，而吉神已随之，或心起于恶，恶虽未为，而凶神已随之。其有曾行恶事，后自改悔，诸恶莫作，众善奉行，久久必获吉庆，所谓转祸为福也。故吉人语善、视善、行善，一日有三善，三年天必降之福。凶人语恶、视恶、行恶，一日有三恶，三年天必降之祸。胡不勉而行之？”

印光大师谈及家庭教育之重要时说：“世乱极矣，人各望治，不知其本，望亦徒劳。其本所在，急宜知之。家庭母教，乃是贤才蔚起，天下太平之根本。不于此讲求，治何可得乎！”任性娇惯，养成败类。纵有天资，亦不知读书为学圣贤，则读的书愈多愈坏。

可见善为至宝，一生用之不尽；心作良田，百世耕之有余。事事培元气，其人必福寿无疆，念念存因果，其后代必昌盛繁衍。司马温公云：“积金以馈子孙，子孙未必能享；积书予以子孙，子孙未必善读；不如积阴德于冥冥之中。”此乃万世传家之宝训。

例如：有这样一家三口，父亲得了脑血栓，母亲性格非常强势，女儿出嫁后生了个男孩。女孩坐月子时，母亲怕婆家照顾不周，就带着难以自理的丈夫，一起去女儿家住着，为的是照顾女儿的月子。本来小两口刚结婚，住房不是很宽裕，一室一厅的房子里又添了两口子大人。三个大人一个婴儿住一间卧室里，女婿住客厅沙发。

大小五口住一室一厅的房子里，吃喝拉撒睡，免不了谁碍着谁的事。这位母亲开始了唠叨和怨气，嫌女婿在卫生间呆的时间太长了，干家务笨手笨脚了，上班挣钱不多了等等。本来人家小两口自由恋爱，感情挺好的，经不住老太太这儿嫌弃、那儿嫌弃，女儿也开始觉得老公不是那么好了，也跟着母亲抱怨起来。终于有一天女婿实在受不了啦，回自己爸妈家住去了。他爸妈一听说儿子这么受气，干脆不理儿媳他们了。后来矛盾越演越烈，两个人没几个月就离婚了，女方带着个婴儿无依无靠。

故事二：同样是一家三口，女儿出嫁一年多的样子，和女婿吵架了，公公婆婆劝不下，打电话叫来了儿媳妇娘家人。

女儿见爸妈来了，闹得更厉害，像是有人撑腰了，哭诉女婿怎样不讲理，不跟他过了要回娘家去。母亲制止了女儿的怨气，并生气地告诉她：“这才是你的家，哪也不能去。好好检讨自己有没有错，别光挑别人的毛病。”女方父母又给亲家赔礼道歉，并说了些客气话，请女婿一家人多多包涵。

女方父母走后，公婆见亲家如此通情达理，也指责批评了儿子一番，哄儿媳高兴。从此一家人和睦融融，即便是再有吵吵闹闹，女方也不再喊娘家人，而是自己化解矛盾。公婆二老一直帮他们带孩子做饭，住在一起任劳任怨。

积善之家，必有余庆；积恶之家，必有余殃。如果故事一里的一家人，知道吵吵闹闹、去挑剔别人的毛病最后争来的是祸，不是福，他们还会那样做吗？

孩子的声音

因果，是主要源自于佛教的一种概念。它讲的是你种下什么样的因，就会收到什么样的果。这种理念在科学上也有应用，比如你向计算机程序里输入什么样的信息，经过一些公式、理念的处理，就会输出什么样的信息。

“积善之家，必有余庆”，就是在说这样的一种“因果”。人行善事，则必有好报，这是根植于中华民族几千年来的朴素思想。这种朴素思想在很长的一段时间内，撑起了平民大众的道德根基，撑起了社会秩序和社会伦理。

积善之家，果真皆有余庆吗？好人无好报者，有之；恶人无恶报者，亦有之。在面对朴素的理论时，在面对往往残酷的现实时，是什么使得广大人民群众坚持了这种朴素的信仰？

其实，这种朴素信仰的背后，就是中华民族的民族精神的一个体现。我们相信因果，相信善恶报应，相信善良是美好的，相信善良是会受到祝福的。正是这样朴素的信仰，才使得“善”的血液在中华民族中渊源流传。无论西方国家如何诋毁，无论其他民族怎样污蔑，我们依旧是那个热爱生活、热爱和平、团结奋进的民族。

我们不信仰神明，也不把自己的命运交给神明来主宰。我们相信，自己的命运由自己来决定——好人好报，恶人恶报。我们相信，“积善之家，必有余庆；积恶之家，必有余殃”。

您想一想，在这样一个环境中，在人人都奖励善良、唾骂丑恶的环境中，是不是不需要神明主宰，好人自然就有好报，恶人自然就有恶报了？

社会，常处在不断动荡之中。我们信仰什么，追逐什么，往往都只是时代浪潮的一分子。但是，千年不变的是中华民族的伟大精神，是几千年来人类共同的追求。我们可能会一时背离，可能会诞生悲剧，但是我们总是在向着善与爱的未来前进着的。

归根结底，是中华民族一代一代的教育传承中，不断重复着的那句话——

善有善报，恶有恶报。

第二十课的思考题

“积善之家，必有余庆”，这句话是古人说的。整篇课文中也有其他一些圣人之言，我皆视其为宝，故摘录于此。也想听听大家的看法，请写一写你身边的例子。

后 记

至此，我的“家庭教育三部曲”已全部完稿并出版发行。

《生命之树的根》犹如春天种子发芽生长时期，父母勤劳地耕耘着小树扎根的土地，使其茁壮地成长，爸爸是灿烂的阳光，妈妈是肥沃的土壤。

《扬起生命的帆》犹如夏天对树木施肥、浇水、捉虫时期，使其滋长出高远广阔的理想，扎下大地厚土的德行之根，方可扬帆起航，驶向远方……

《人生应该看自己》犹如秋天果实收获时期，让我们走向冷静，去体悟生命更深一层的分量。

真正有智慧的家长，不会去区分阶段性的高低轻重，而是一直耐心地陪伴孩子，把握好他成长的每个阶段，悟透每个细节存在的意义，以无量的胸怀包容孩子，通过无数个小事的历练使孩子不断成熟、成才、成功。